La philo-thérapie

Groupe Eyrolles
61, bd Saint-Germain
75240 Paris cedex 05

www.editions-eyrolles.com

Chez le même éditeur :

Eugénie Vegleris, *Des philosophes pour mieux vivre*
Luc de Brabandere, *Petite philosophie des histoires drôles*

Le Code de la propriété intellectuelle du 1er juillet 1992 interdit en effet expressément la photocopie à usage collectif sans autorisation des ayants droit. Or, cette pratique s'est généralisée notamment dans l'enseignement, provoquant une baisse brutale des achats de livres, au point que la possibilité même pour les auteurs de créer des œuvres nouvelles et de les faire éditer correctement est aujourd'hui menacée. En application de la loi du 11 mars 1957, il est interdit de reproduire intégralement ou partiellement le présent ouvrage, sur quelque support que ce soit, sans autorisation de l'éditeur ou du Centre Français d'Exploitation du Droit de copie, 20, rue des Grands-Augustins, 75006 Paris.

© Groupe Eyrolles, 2007
ISBN : 978-2-212-53839-7

Éric Suárez

La philo-thérapie

EYROLLES

À Arno

Remerciements

Je remercie mon père d'avoir dessiné sur un bout de papier un cercle avec deux bonhommes à chaque pôle. Il demandait à mes frères et à moi de désigner celui des deux qui était à l'endroit. Nous posions nos doigts sur celui qui nous faisait face. Mon père fit alors pivoter le petit bout de papier...

Sommaire

Introduction.. 1

I. L'amour

Puis-je aimer la même personne toute une vie ?................ 5
La jalousie peut-elle tuer mon couple ?............................ 15
L'infidélité est-elle pardonnable ?.................................... 25
Moins de désir, est-ce moins aimer ?............................... 35

II. L'image de soi

La beauté est-elle la condition du désir ?......................... 47
La jeunesse est-elle la promesse du bonheur ?................. 57
Suis-je ce que mon image est ?....................................... 67
Suis-je frivole ?... 77

III. La famille

Doit-on s'aimer en famille ?.. 87
Suis-je un bon parent ?.. 97
Éduquer, est-ce avoir du pouvoir sur ses enfants ?........... 105
Quelle importance a la fratrie ?...................................... 115

IV. Le travail

Le travail est-il la seule reconnaissance sociale ?	125
Harcèlement au travail : comment sortir de la victimisation ?	135
Jusqu'où puis-je aller dans mes responsabilités ?	145
L'argent me représente-t-il ?	153

V. Le deuil

Qui suis-je après la mort d'un proche ?	165
Comment surmonter une rupture amoureuse ?	175
Être parent, et après ?	185
Doit-on faire le deuil de ses rêves ?	193

CONCLUSION	203
GLOSSAIRE	205
QUELQUES MOTS SUR LES AUTEURS CITÉS	207
BIBLIOGRAPHIE	213
INDEX	215
INDEX DES AUTEURS CITÉS	221
TABLE DES MATIÈRES	223

Introduction

Lorsque Socrate interrogeait ses interlocuteurs sur la nature de l'amour ou sur les notions du Bien et du Beau, il employait une méthode que sa mère, sage-femme, pratiquait pour accoucher les corps : la maïeutique, à la différence que le philosophe aidait les esprits à accoucher de la vérité. « Le *Poisson Torpille* », comme il était alors surnommé, usait de questions susceptibles de donner à celui à qui elles étaient destinées la possibilité de se confronter à ses propres contradictions. Faire tomber les opinions fausses, les jugements précipités, tel était le but de la démarche socratique. Il émergeait de cette confrontation non sans douleur une vérité plus juste. S'immisçant à l'intérieur de la moindre faille, Socrate repoussait dans ses derniers retranchements son interlocuteur afin qu'il puisse voir le monde de manière moins fausse et donc plus libre. Car c'est bien de liberté humaine dont il s'agit. La liberté de pouvoir penser, analyser et donc de prendre possession de soi-même ; un homme pensant est un homme qui s'appartient. Il gagne en indépendance, sûreté et apprend à mieux gérer les difficultés de la vie plutôt que de les subir.

Sortant du monde universitaire, la philosophie, par le biais de la consultation, renoue avec ses premiers instants. Plus pragmatique que jamais car s'attaquant à des problèmes du quotidien, elle permet à celles et ceux qui s'y adonnent d'avoir un éclairage approfondi des épreuves qu'ils traversent. Parce que l'existence est contingente, qu'elle se meut sans cesse et qu'elle nous échappe quelquefois, la philosophie aide à penser un monde qui parfois se présente comme absolu et donc nous emprisonne dans des schémas, des concepts qui peuvent être en décalage avec nos attentes ou notre propre vision. Pourquoi avoir peur de penser ? Pourquoi ne pas douter, à la façon de Descartes, de ce que nous savons ? Pourquoi n'aurions-nous pas la modestie de dire « je ne sais pas » ?

Cependant, ces interrogations philosophiques ne peuvent en aucun cas se substituer à une thérapie analytique. Il est essentiel de ne pas confondre les deux disciplines même si, à mon sens, elles sont complémentaires. Elles font appel à des méthodes bien distinctes. Là où les psys, de manière générale, cherchent à remonter jusqu'aux causes inconscientes de la souffrance afin que le patient apprenne à la gérer, le consultant en philosophie le fait s'interroger sur les concepts qu'il utilise dans le but de lui faire voir le monde sous des angles différents, l'extirpant ainsi d'une vision trop réductrice de ce dernier. C'est toute la différence entre la raison et la passion. La seule faculté de penser peut-elle réduire la douleur de vivre ? La raison a-t-elle la capacité de canaliser certaines pulsions destructrices afin de les rendre plus viables ? À en croire les premiers philosophes de l'Antiquité grecque, la réponse est affirmative. En une époque violente et soumise aux diverses guerres sanglantes que les peuples se livraient entre eux, sans compter les caprices de la nature et leurs conséquences sur les récoltes, de nombreux penseurs ont élaboré des conseils de réflexion et de comportement afin de pouvoir gagner en sérénité et en paix intérieure. De la pratique du questionnement philosophique résulte une maîtrise grandissante de notre existence et nous permet d'évoluer au sein d'un univers mieux compris, moins agressif, moins étranger et, par extension, moins étrange.

I.
L'amour

Puis-je aimer la même personne toute une vie ?

Lorsque Antoine, 35 ans, entre dans mon cabinet, je me rends bien compte qu'il a déjà une idée bien déterminée de ce qui l'a poussé à s'adresser à un consultant en philosophie. Son problème est clair, d'autant plus qu'il est partagé par de très nombreuses personnes de sa tranche d'âge, oscillant entre la volonté de **construire** *un couple avec tout ce qu'il comprend et l'incertitude qu'il puisse perdurer dans le temps. Vivant avec la même compagne depuis onze ans, il s'interroge sur la capacité humaine à aimer la même personne durant toute sa vie. Je remarque immédiatement une véritable angoisse face à ce questionnement, une peur peut-être de « perdre son temps » en compromis sans savoir s'ils serviront réellement à quelque chose.*

Si nous trouvons tous un intérêt à vivre en couple – à le rechercher sans relâche, à y rêver et à faire notre possible pour le conserver lorsque nous y avons accès –, l'intérêt n'a pas toujours été le même selon l'époque et selon le lieu. Qui n'a jamais entendu une grand-mère légitimer le fait qu'une fille choisisse un garçon sur le seul critère que celui-ci soit travailleur ? Les couples fondant leur existence sur une sécurité matérielle établissent d'emblée un contrat selon lequel chacun des protagonistes est gagnant et apporte à l'autre ce dont il manque. Les échanges sont clairs et confortent l'union dans un rapport de sécurité au sein d'un monde plein de dangers concernant l'intégrité physique de l'individu. Aujourd'hui, et dans nos pays riches, les besoins ne sont plus les mêmes. Les femmes comme les hommes ont gagné en indépendance et peuvent vivre en célibataires tout en subvenant à leurs besoins les plus primaires. Dans ce nouveau cadre, nous attendons tous de l'amour autre chose qu'une aisance matérielle. L'**individualisme**, c'est-à-dire cette propension qu'a l'homme moderne à pouvoir et à vouloir exprimer ce qu'il est au plus profond de lui, semble plus difficilement compatible aujourd'hui qu'hier avec une vie de couple entendue pour la vie.

- Que représente le couple ?
- Quelle évolution a-t-il subi ?
- Peut-on aimer la même personne toute une vie ?
- Pour aimer, faut-il ne pas connaître ?

Que représente le couple ?

Des attentes aujourd'hui différentes

Si le couple d'aujourd'hui ne remporte pas un aussi vif succès en termes de longévité que celui d'il y a encore cinquante ans, c'est que la société change et que les attentes face à la vie à deux ne sont plus les mêmes.

Pour des raisons économiques, les nécessités vitales sont généralement remplies par l'évolution du niveau de vie. La protection matérielle que génère le couple pour l'individu tend à disparaître pour laisser place à une plus grande volonté d'indépendance financière.

De plus, les mœurs changent. L'indépendance crée la liberté. Les compromis que demande le couple sont d'autant moins acceptés que la possibilité de vivre seul est intégrée chez l'individu.

En ce sens, le couple est moins un lieu d'interminables concessions qu'un endroit où deux individus peuvent s'aimer et, par extension, être heureux. La quête du **bonheur** est ici un concept essentiel dans l'appréhension qu'Antoine a du couple. Il l'entend davantage comme un épanouissement personnel qu'une **obligation** sociale ou matérielle.

Dans cette demande de bien-être qu'est faite au couple, le temps qui passe est un danger car il emporte avec lui l'euphorie de la passion, le plaisir suscité par la nouveauté et apporte en revanche les affres du quotidien et le manque de renouveau.

— *« Je me demande vraiment si le couple peut durer toute une vie...*
— *Qu'est-ce que le couple pour vous ?*
— *C'est une relation amoureuse entre deux personnes.*
— *Qu'apporte-t-il aux amoureux ?*
— *L'assurance que l'autre nous aime. Qu'il nous sécurise.*
— *L'avez-vous dans votre couple ?*
— *Oui.*
— *Qu'est-ce donc qui vous cause problème ?*
— *J'ai l'impression de ne plus rien avoir à découvrir d'elle.*
— *N'y a-t-il objectivement plus rien ?*
— *Je n'espère pas...*
— *Pourquoi imaginez-vous qu'elle n'a plus rien qui puisse susciter votre curiosité ?*
— *Je ne me sens plus émerveillé par elle. Au bout de onze ans, on a fait le tour de la personne. »*

Entre l'amour rêvé et l'amour réel

Ce qu'Antoine entend par « ne plus avoir à découvrir », c'est le manque d'excitation à la découverte de l'autre. Par là, le couple devrait, selon lui, revêtir une dimension de surprise suscitée par la personnalité de son épouse.

Dans son *Petit Traité des grandes vertus*, **André Comte-Sponville** affirme qu'il existe trois sortes d'amour :

- Érôs, l'amour rêvé ;
- Philia, l'amour réel ;
- Agapé, l'amour pur et divin.

Platon, premier philosophe à définir l'érôs, y voit l'amour conjugal dont l'essence est le **manque**. En ce sens, le manque signifie que l'autre ne nous appartient pas, qu'il nous échappe. Et c'est sur ce même manque que l'amour érôs se construit.

La nouveauté éclaire la relation de couple car elle permet l'exploration de nouveaux paysages. Les différentes facettes dont est composée la personne sont aussi nombreuses qu'évoluantes en permanence. Cette **pluridimensionnalité** ontologique permet au couple de trouver une dynamique dans l'élan amoureux.

C'est en tout cas l'idéal de relation amoureuse qu'Antoine exprime. L'émerveillement qu'il énonce tranche alors d'autant plus avec la réalité qu'il vit. Le couple qu'il imagine est pris comme moyen de s'étonner de l'autre, de renouveler le quotidien par l'épanouissement de ses auteurs.

En revanche, en s'épanchant sur son idéal de couple, il statufie son épouse. Le fait de ne pouvoir atteindre avec son couple celui qu'il dépeint stipule que son épouse n'est plus « découvrable » et par conséquent qu'elle est insensible à une quelconque évolution.

– *« Depuis combien de temps connaissez-vous parfaitement votre épouse ?*
– *Onze ans maintenant.*
– *Il ne vous reste plus rien à découvrir d'elle ?*
– *Non.*
– *En onze ans, n'avez-vous jamais remarqué aucun changement en elle ?*
– *Non. On est les mêmes.*
– *Se pourrait-il qu'elle ait changé sans que vous vous en soyez aperçu ?*
– *Je ne pense pas.*
– *Vous-même, avez-vous changé ?*
– *Oui.*
– *Serait-il possible que votre épouse ne s'ennuie pas autant que vous ? »*

L'homme en perpétuelle évolution

Il ressort du discours d'Antoine l'impression que les êtres restent identiques tout au long de leur existence. Or, l'individu est un être en perpétuelle **évolution**. Le fait de vivre, d'observer, de douter ne peut rendre une personne statique.

Le couple est une entité composée de deux personnes. Leur rencontre à un moment déterminé, leur entente et l'amour qu'ils éprouvent l'un pour l'autre ne peuvent en rien contraindre la manière qu'ils auront d'évoluer.

Ils seront toujours deux **étrangers** dont le partage d'un quotidien leur donnera l'impression de se connaître. Le couple peut entraîner, si les individualités ne sont pas prises en compte, l'illusion de ne plus avoir rien à connaître de l'autre.

C'est là que réside son danger. Croire en ses vertus conciliantes, c'est oublier que l'autre ne peut être à l'identique de ce qu'il était. Ce n'est pas le couple qui crée l'entente entre les deux personnes qui le composent ; c'est bien plutôt celles-ci qui créent le couple.

En ce sens, la non-observation des changements inhérents au partenaire conduit irrémédiablement à le rendre plus étranger encore. L'union s'en trouve alors altérée puisqu'elle ne parvient plus à suivre l'évolution des partenaires.

— *« Je pense que mon épouse aussi doit souffrir légèrement du quotidien. La vie est également moins amusante pour elle.*
— *Est-ce la connaissance que vous avez d'elle qui fait que vous ne lui en parlez pas ?*
— *Non… C'est juste que je comprends ses attitudes.*
— *Ne communiquez-vous que par l'interprétation de vos gestes réciproques ?*
— *Non ! On parle aussi… mais de choses pratiques.*
— *Jamais de vous ?*
— *Rarement.*
— *Y a-t-il des choses qu'en elle il serait possible que vous ne sachiez pas ?*

— *Sans doute…*
— *Comment se peut-il donc que vous n'ayez rien à découvrir ?*
— *Si, il y a des choses à découvrir. »*

Est-il possible qu'une personne puisse ne pas changer, suscitant ainsi un non-changement ?

La lassitude peut-elle provenir de la croyance de tout connaître de l'autre ?

Apprendre les changements de l'autre

Le problème que rencontre Antoine provient plus de la croyance de ne plus rien avoir à découvrir chez son épouse que d'un réel manque de changement observable chez celle-ci.

Si l'ennui du quotidien entraîne Antoine dans une incertitude concernant la longévité de son couple, ce ne peut être à cause d'un manque à découvrir.

Il apparaît évident que la personne évolue au gré du temps ; elle est porteuse d'idées nouvelles, d'échanges particuliers, de connaissances supplémentaires. Comme l'écrit **Héraclite** : « *On ne se baigne pas deux fois dans le même fleuve.* » Autrement dit, le temps entraîne avec lui l'irrémédiable changement. On ne peut être le même qu'il y a quelques semaines. Même si le quotidien semble ordinaire, l'esprit mûrit, s'interroge sur des questions de plus en plus précises.

L'esprit s'aiguise, est davantage intransigeant quant aux réponses qui lui sont apportées. L'âge induit un changement dans l'interprétation que la personne a du monde. Son approche est différente. En ce sens, nul ne peut échapper à sa propre évolution. Le fait d'être vivant incombe celui de changer jusqu'à la mort.

L'**interaction** entre individus aussi est sujette au changement, car ce sont eux qui la génèrent. Et c'est là le point central du problème que rencontre Antoine. Si lui et son épouse ne communiquent pas, ils ne peuvent pas se rendre compte des changements de l'autre tout en lui exprimant les siens.

— « *Par quel moyen pourriez-vous les découvrir ?*
— *En m'intéressant plus à elle…*
— *De quelle manière ?*
— *En lui posant des questions sur elle ?*
— *Apprendre ses changements vous apporterait quoi ?*
— *De savoir avec qui je vis !*
— *Dans quel but ?*
— *Moins me sentir seul peut-être…* »

Échanger pour découvrir l'autre

L'échange par lequel deux personnes peuvent se livrer l'une à l'autre ne se peut que par la communication. Qu'elle soit verbale, gestuelle ou écrite, elle est le seul moyen de se découvrir.

Par le langage, je m'ouvre au monde et le monde s'offre à moi. Il y a en lui une force de découverte, celle d'explorer l'environnement général par l'analyse conceptuelle que l'on en fait.

Par exemple, c'est par l'échange que l'amitié se crée. Sans cette communication, point de relation amicale possible puisque ce qui la caractérise, c'est une reconnaissance de personnes entre elles.

S'exprimer permet d'installer entre autrui et soi un échange d'idées, d'opinions. Par là, je le connais davantage et m'en sens connu. La communication est ce par quoi est possible toute forme de société. Elle lie les individus entre eux et crée par là même une unité rendant possible la vie en groupe.

En ce sens, lorsque Antoine parle de son désir de connaître davantage son épouse, il est dans l'optique de découvrir ce qu'il ne connaît pas afin d'en trouver la nouveauté.

Avoir envie de découvrir l'autre

La découverte présuppose une recherche préalable. Sans la volonté de trouver, point de trouvaille possible. La curiosité, si elle n'est pas entretenue au sein du couple, tend à disparaître tant l'apparente connaissance qu'on a de l'autre semble parfaite. Redynamiser sa curiosité à l'égard de l'être aimé permet de le découvrir sous de nouveaux angles. Il n'est plus seulement l'être à côté de qui on vit mais un « être étant », c'est-à-dire un être emprunt de vie, d'évolution et de changement.

Par conséquent, quelle que soit la décision qu'Antoine prendra il le fera en connaissance de cause. La vision claire qu'apporte l'interrogation, qu'elle porte sur autrui ou sur soi-même, empêche les regrets dus à des conséquences non envisagées…

Épilogue

L'individu ne peut être réduit au quotidien qu'il remplit. Assimiler les deux, c'est chosifier l'autre en ne l'anticipant plus comme un être évolutif. L'ennui que vit Antoine au sein de son couple n'est que le reflet d'un manque d'intérêt porté à sa compagne. Non pas qu'elle soit réellement insignifiante, mais bien plutôt qu'elle se confonde avec l'ordinaire de leur relation. En ce sens, aller à la rencontre de l'autre c'est le rendre extraordinaire, c'est-à-dire unique et, par extension, irremplaçable.

Puis-je aimer la même personne toute une vie ?

Quelques questions à se poser

Pensez-vous tout connaître de votre partenaire ?

Qui est-elle ou qui est-il en dehors de votre relation ?

Parvenez-vous à différencier sa personne de l'environnement dans lequel elle ou il évolue ?

La jalousie peut-elle tuer mon couple ?

Dominique, la quarantaine rayonnante, arrive dans mon cabinet un jour de novembre. Elle s'assoit sans y avoir été invitée, croise les jambes de manière très féminine, me regarde fixement de ses jolis yeux noisette et s'adresse à moi, employant un ton quelque peu autoritaire. Le problème qu'elle m'expose est simple et partagé par beaucoup d'entre nous. Elle est jalouse de son mari. Jalouse des connaissances sociales qu'il a de par sa profession et s'inquiète dès qu'il reçoit un coup de téléphone. D'ailleurs, après chaque conversation que ce dernier entretient, elle ne peut contenir la douleur qui la harcèle et le torpille de questions indiscrètes de façon plus ou moins détournée afin « de connaître la Vérité », dira-t-elle. Si Dominique a pris la décision de s'interroger sur la notion de jalousie ainsi que sur les relations complexes qu'elle entretient avec le sentiment amoureux, c'est dans le but d'appréhender son problème avec plus de recul.

La jalousie nous apparaît comme une émotion liée de manière intrinsèque au sentiment amoureux, une sorte de compagne fidèle, qui l'accompagnerait partout où il se trouve. La littérature autant que le cinéma regorge d'histoires où la jalousie nous entraîne dans un univers familier, à l'intérieur de sensations que nous connaissons tous, à des degrés différents. Elle se détermine par la souffrance de savoir l'être aimé partager un plaisir ou de l'amour avec un autre que soi. Le jaloux prend **possession** de l'autre et ne le voit que comme lui appartenant. Il emprisonne le partenaire au cœur d'une cellule qu'il échafaude par le fruit de son imagination paranoïaque. Il y a autant de jalousies qu'il y a de jaloux. Si les limites accordées au partenaire sont subjectives et relatives à sa propre histoire, cette forme de cellule passionnelle où le jaloux enferme le partenaire semble partagée par tous et aucun homme, dans sa vie, ne lui échappe. Dès lors, le problème se pose lorsque ce sentiment de possession entrave l'équilibre du couple et plonge celui qui subit la jalousie de l'autre dans la douleur et l'incompréhension. Le jaloux endosse bien souvent le rôle de bourreau. De ce fait, il n'est pas appréhendé par le ou la partenaire en tant que victime de sa propre jalousie. Le jaloux se sent incompris, ce qui renforce son isolement au sein du couple. Les questions que nous nous poserons tout au long de cette réflexion et auxquelles nous essaierons de répondre sont nombreuses et complexes car elles touchent à notre propre équilibre affectif.

- Qu'est-ce que la jalousie ?
- À partir de quand est-elle nuisible pour le couple ?
- Que représente-t-elle pour moi ?
- Peut-elle être un moteur pour mon couple ?
- Signifie-t-elle que j'aime ou que je ne m'aime pas ?

Qu'est-ce que la jalousie ?

La peur de n'être plus aimé

Le sentiment de jalousie prend sa source dans la peur de ne plus être aimé. Cette peur stigmatise la personne dans une impression de pouvoir être à n'importe quel moment rejeté en dehors de la relation amoureuse. La douleur qu'éprouve Dominique est significative car elle redoute par-dessus tout d'être abandonnée.

La peur qu'elle ressent s'inscrit à la base dans une vision réaliste du monde dans lequel elle évolue : la **contingence** naturelle. Tout est enclin à disparaître un jour ou l'autre.

La jalousie peut-elle tuer mon couple ?

Lorsqu'elle exprime les doutes qui l'animent à l'encontre de son époux, elle entre dans un rapport d'inégalité par le fait que toute son attention est portée sur lui et que tout son univers est empreint de cette angoisse de n'être plus rien sans cet homme.

La relation qu'entretient Dominique avec son époux est déséquilibrée car la définition qu'elle a d'elle-même tient de ce qu'elle imagine du regard qu'il lui porte. Elle entre dans une **dépendance** où, en ne pensant qu'à l'éventualité que son mari la quitte, elle s'oublie en tant qu'être pour ne regarder que l'autre.

— « Qu'entendez-vous par "je suis jalouse" ?
— *Je le soupçonne en permanence d'avoir des maîtresses. Je ne supporte plus son téléphone, ni ses soirées entre amis où je dois l'accompagner.*
— *C'est un devoir ?*
— *Non ! Mais au moins je veille au grain…*
— *Et lui, veille-t-il au vôtre ?*
— *Euh… non.*
— *Pourquoi ça ?*
— *Parce que je suis toujours derrière lui.*
— *Votre peur est-elle fondée ?*
— *Il connaît plein de gens !*
— *Votre peur s'explique donc par le fait qu'il connaît des gens…*
— *Oui et qu'il peut donc être tenté. Alors, j'anticipe…*
— *Et vous anticipez quoi ?*
— *Le fait qu'il me quitte, la peur qu'il ne m'aime plus !*
— *Qu'il puisse vous quitter vous semble-t-il plus important que le fait d'être aujourd'hui ensemble ?*
— *Je ne sais pas…* »

La perte de mon identité

La réalité que vit Dominique se traduit par une **anticipation** de ce qui arriverait sûrement si elle n'était pas là pour surveiller son époux. Elle projette un futur incertain au cœur d'un présent non vécu. En ce sens, il lui est impossible par cette projection temporelle de vivre ce qu'elle est.

L'anticipation de son abandon canalise ses pensées vers ce qui n'est pas mais qui pourrait seulement être. La démarche de sa jalousie anéantit ce qu'elle est au profit de ce qui n'est pas encore et ne sera peut-être jamais. Elle obstrue ainsi son existence réelle en revendiquant une peur qui ne se nourrit que d'elle-même. Lorsque je demande à Dominique la raison de sa jalousie, elle reconnaît que c'est la peur de l'abandon, mais qu'elle ne peut pas faire autrement. Étant prisonnière de cette crainte, elle perd toute forme d'indépendance affective en refusant que l'autre ne lui appartienne pas.

Elle cesse d'exister individuellement car son équilibre **ontologique** dépend de l'autre. Enfermée dans son calvaire, Dominique fait le deuil de sa liberté, entraînant avec elle celle de son époux dont l'amour est désormais contraint.

— *« Je sais que mon comportement le met sous pression.*
— *Comment ça ?*
— *Je l'empêche de vivre...*
— *De vivre quoi ?*
— *Sa vie...*
— *Et vous, vivez-vous la vôtre ?*
— *Non plus. Je ne suis jamais tranquille, jamais sereine.*
— *La "non-vie" de votre époux et la vôtre seraient-elles liées ?*
— *C'est sûr. »*

Le bourreau et la victime

Il y a ici une **chosification** de l'autre. Il n'est plus un sujet libre de partager ou pas des moments de sa vie avec elle, mais doit lui appartenir autant qu'elle est capable de le faire à son égard.

Le couple que forment Dominique et son époux se situe dans le rapport hégélien du maître et de l'esclave. En soumettant celui qu'elle aime, Dominique le rend esclave de sa jalousie par le contrôle de ses faits et gestes. Elle devient par là même le maître de la relation, celui qui impose à l'autre ce qu'il doit faire pour répondre à ses attentes.

Or, dans la dialectique du maître et de l'esclave, **Hegel** démontre le retournement de situation qu'une telle relation génère. En effet, la soumission du mari aux exigences de son épouse rend celle-ci davantage dépendante. Le mari, en quelque sorte « l'esclave » dans la théorie hégélienne, prend conscience de son rôle essentiel puisque sans lui point de **maître**. Dès lors, il devient lui-même le maître de la relation tandis que le maître devient l'esclave.

En ce sens, Dominique est prisonnière des suppositions d'infidélité à l'égard de son époux. Désireuse de le « surveiller », elle perd peu à peu sa propre liberté.

Dans ce cadre-là, est-il possible pour Dominique de retrouver son indépendance, d'exister en dehors de sa relation amoureuse ? Peut-elle se sentir aimée par un mari qu'elle soupçonne sans cesse ? Quelle efficacité peut avoir sa jalousie sur la fidélité de ce dernier ?

Que transforme la jalousie dans le couple ?

L'impossible retour

Une telle attitude à l'égard de la relation amoureuse entraîne le démantèlement de la relation elle-même par le seul fait que ce qu'attend l'amoureux est un retour affectif de l'être aimé.

Or, par le rôle d'objet que la jalousie confère au sujet aimant, ce dernier n'est plus en mesure d'apporter au jaloux le regard amoureux qu'il demande. Ayant chosifié l'être aimé, la personne jalouse s'empêche d'évoluer au sein d'une relation « sujet à sujet », seule capable de renvoyer à l'un le regard subjectif de l'autre. En ce sens, « la jalousie tue l'amour qui l'a fait naître ». Lorsque je l'interroge sur l'appréhension qu'elle a de l'amour que son mari lui renvoie, sa réponse est éloquente.

– *« Je ne sais pas.*
– *Pour quelles raisons ?*
– *Parce que je ne vois aucun signe de sa part…*
– *Que voyez-vous donc ?*
– *J'observe son comportement plein de délicatesse à l'égard des autres femmes.*
– *En témoigne-t-il pour vous ?*
– *Peut-être que je ne lui en laisse pas l'opportunité…*
– *De quelle manière ?*
– *En étant toujours derrière lui. En ne le laissant pas libre.*
– *Pourrait-il être possible d'obliger quelqu'un à aimer ?*
– *C'est impossible !*
– *Pensez-vous que votre jalousie puisse se traduire par une obligation à ce qu'il vous soit fidèle ?*
– *Sans doute. »*

De la souffrance à l'isolement

À l'intérieur de cette relation amoureuse empreinte de jalousie, la complicité disparaît peu à peu pour faire place à la méfiance. Dominique **interprète** son époux non plus comme un être à qui elle peut accorder sa confiance, mais comme une personne dont elle doit se méfier.

Le sentiment de **solitude** s'en trouve par conséquent accru. Le jaloux est seul dans sa souffrance. Il ne peut demander d'aide à la personne qu'il aime car c'est justement elle qui, apparemment, est susceptible de le tromper. Le fait de réduire le partenaire à l'état d'être appartenant à un autre être, c'est lui enlever tous les attributs qui font de lui un individu capable de choisir la personne qu'il aime.

Cette conception de l'être aimé le fait apparaître comme intouchable, incapable de retourner l'affection qu'on lui porte. De fait, la relation amoureuse est biaisée, laissant le jaloux davantage isolé au sein du couple.

Ne laissant pas l'opportunité à son époux de l'aimer en toute liberté, Dominique tourne en rond et accentue ses démonstrations de jalousie dans le but de récupérer ce qui semble tant lui manquer : l'amour de son compagnon.

Retrouver le respect de l'autre

L'affection portée à un individu ne peut que produire un sentiment de jalousie au sein d'une société. Les personnes la composant sont autant de tentations susceptibles d'infiltrer le couple lorsque celui-ci doute de lui-même.

En outre, la prétention à accéder à un épanouissement personnel est aussi à l'origine de bon nombre de séparations. Le risque d'être abandonné et d'abandonner soi-même sa vie de couple est plus élevé à notre époque qu'à toutes celles qui nous précèdent. Le danger est donc bien réel. Cependant, il n'entrave en rien la liberté que l'élan amoureux suscite.

Il devient même plus important de nos jours de respecter cette liberté-là car elle a plus de sens. En effet, alors que nous sommes de moins en moins enclins à sacrifier notre bien-être au bénéfice d'une vie tout entière auprès de la même personne, le respect de la liberté d'autrui est essentiel à l'équilibre du couple. C'est d'ailleurs Dominique qui relève cet aspect-là de la question lorsqu'elle inclut dans son discours la normalité du sentiment de jalousie dans la sphère amoureuse.

— *« Mais c'est normal d'être jaloux quand on aime ! Quelqu'un de non jaloux n'aime pas.*
— *Est-il tout aussi normal d'être quitté lorsqu'on est trop jaloux ?*
— *Oui… mais ça veut dire quoi être "trop jaloux" ?*
— *Je vous le demande.*

— *Quand on étouffe l'autre… Quand on ne respecte plus sa liberté…*
— *Est-ce votre cas ?*
— *Sans doute…*
— *Pensez-vous ne pas respecter votre mari ?*
— *Par rapport à ma jalousie, non.*
— *Peut-on aimer sans respect ?*
— *Non !*
— *Vous ne l'aimez donc pas ?*
— *Si !*
— *Comment le lui prouver alors ?*
— *En ne le harcelant plus… »*

Le seul critère qui délimiterait la jalousie de son excès se trouve dans l'**interaction** entre les deux personnes qui composent le couple. Chaque individu étant différent, toutes les relations amoureuses le sont tout autant. Le respect du partenaire se trouve chez le partenaire lui-même. Lui seul est capable de prononcer les limites du non-respect et de l'intrusion dans sa sphère privée.

Épilogue

Dominique prend conscience de tout le paradoxe affectif que sa jalousie entraîne. Consciente de la légitimité de la jalousie à l'intérieur du sentiment amoureux, elle ne l'est pas moins du respect qui en est essentiel. Construire un couple est avant tout rencontrer une personne avec tout ce qu'elle a de plus intime. La liberté d'aimer ne peut être contrainte à une obligation. Il y a entre les notions d'amour et d'obligation une contradiction de nature. Si la crainte de perdre l'être aimé est partagée par tous, l'écoute de l'autre à l'intérieur du couple est d'autant plus importante qu'elle permet d'entendre les limites que les partenaires s'imposent mutuellement. La relation amoureuse sera davantage équilibrée s'il y a une meilleure compréhension des amants entre eux.

La jalousie peut-elle tuer mon couple ?

Quelques questions à se poser

Quel épanouissement pensez-vous trouver dans le couple ?

Comment définiriez-vous la liberté dans le couple ?

Accepteriez-vous que l'autre vous surveille, entrave votre liberté ?

Votre jalousie peut-elle empêcher l'infidélité ?

L'infidélité est-elle pardonnable ?

*Lorsqu'elle entre dans mon cabinet, la jeune femme que je vois a l'air tendue et semble assez nerveuse. Isabelle m'explique qu'elle a découvert un numéro de téléphone en fouillant le portable de son mari, lequel avait comme prénom attribué celui d'une femme. En questionnant avec acharnement son époux, il lui avoue une relation extraconjugale. Il lui dit aussi qu'ils n'auraient fait l'amour ensemble que deux fois et qu'il n'y a jamais eu rien d'autre entre eux. Le problème qu'Isabelle rencontre est l'apparente sincérité de son mari lorsqu'il lui affirme qu'il n'y a jamais rien eu d'autre entre eux, que ça n'était que d'ordre purement sexuel et que, par conséquent, l'amour qu'il lui porte n'étant pas altéré, elle ne peut le quitter pour un simple plaisir charnel partagé avec une autre. L'ayant mis à la porte avec perte et fracas, elle commence à s'interroger sur la légitimité du pardon en de pareilles circonstances. Isabelle se questionne sur la **signification** de l'infidélité dans sa relation amoureuse.*

L'infidélité dont me parle Isabelle est à comprendre en tant qu'un non-respect aux règles sous-jacentes émises et transmises socialement. Qu'on la légitimise ou pas, l'infidélité est générée par des valeurs morales sur lesquelles repose la conception que la société nous a enseignée. En ce sens, outrager une de ces valeurs entraîne de la souffrance et la réelle impression de ne plus être aimé. Même si la question est délicate en fonction des failles affectives qu'elle touche et des convictions morales qui sont celles de nos sociétés, Isabelle désire s'interroger sur la nature de l'infidélité, l'importance qu'elle revêt au sein de son couple ainsi que sur l'impact que son **pardon** pourrait avoir sur elle, à la condition qu'il soit possible. Elle désire comprendre également qu'elle est l'essence de la fidélité dans la relation amoureuse, à quoi elle sert et ce qu'elle implique pour la stabilité du couple. Sa blessure narcissique et la déception qu'elle ressent pour celui qu'elle aime sont telles qu'elle ne parvient pas à trouver de réponses à toutes ces questions qui l'assaillent. La volonté de comprendre le parcours de l'infidélité afin de lui attribuer un sens résonne en Isabelle comme un écho à son amour.

- Qu'est-ce que l'infidélité ?
- Quel est son sens au cœur de la relation amoureuse ?
- Comment définir le pardon ?
- L'infidélité est-elle pardonnable ?

Qu'est-ce que l'infidélité ?

Le sentiment d'être trahi

Au sens courant du terme, l'infidélité se rattache à un renoncement aux lois édictées par le couple, répondant à l'interdiction de tromper la **confiance** du conjoint en attribuant ses faveurs à un autre que lui. Dans ce cas de figure, la confiance établie avec son partenaire officiel est rompue par le partage d'une intimité lui étant jusqu'alors réservée.

La blessure générée par l'impression de ne plus être l'unique bénéficiaire de certaines pratiques inhérentes au couple plonge la personne trompée dans la certitude de ne plus être aimée.

L'amour est alors remis en question par le fait qu'un des deux protagonistes du couple n'ait pas tenu l'engagement de fidélité promis de manière explicite ou non au second. Ce dysfonctionnement dans le processus d'**appartenance** mutuelle brise le rapport affectif construit sur la base de la fidélité.

— « Mon mari a trompé la confiance que je lui portais.
— C'est-à-dire ?
— Il m'a été infidèle et ça, je ne peux le supporter.
— Que ne pouvez-vous pas supporter ?
— Qu'il ait couché avec une autre femme que moi ! Qu'il ait pu la toucher comme il me touche. Et il ose dire qu'il m'aime !
— Ce dont vous doutez ?
— Comment voulez-vous ne pas douter après ce qu'il m'a fait subir ? !
— Vous ne le croyez pas ?
— Mais c'est un menteur !
— Il vous l'a pourtant avoué…
— Parce que je l'ai découvert !
— Il aurait très bien pu continuer à ne rien vous dire.
— Oui, mais j'aurais toujours eu un doute.
— C'est donc bien qu'il vous l'ait dit ?
— C'est sûr que je préfère savoir plutôt que de continuer à être humiliée. »

L'impression de n'être rien

Le fait qu'elle se sente ridiculisée signifie qu'Isabelle est directement concernée par l'infidélité de son époux puisqu'elle s'imbrique dans la relation que celui-ci a entretenue avec sa maîtresse. Toute interaction entre deux individus est unique ; sa nature est d'emblée différente de celle des autres.

En d'autres termes, la douleur éprouvée d'avoir été victime d'un mensonge, d'une entorse à une règle implicite dépasse le cadre de la relation qu'Isabelle entretient avec son mari. Isabelle installe sa relation en **rivalité** de la relation de son mari et de sa maîtresse.

Dans l'absolu, les relations entre personnes sont indépendantes de toutes les autres. Rentrer en rivalité, même si la démarche semble inéluctable tant la blessure fait mal, semble absurde car rien ne peut être comparé à rien. Les **caractéristiques intrinsèques** à chaque type de relation ne permettent pas de les conjuguer sur le thème de la rivalité.

La rivalité qu'éprouve Isabelle l'humilie par une comparaison qui ne signifie raisonnablement rien. Sur quels critères peut-elle fonder sa rivalité, si ce n'est sur le fait que son époux lui ait menti ?

– « *Pour quelles raisons vous sentez-vous humiliée ?*
– *Parce qu'il lui a fait l'amour et c'est quelque chose qui m'appartient.*
– *Aurait-il pu lui faire l'amour comme il vous le fait ?*
– *Mais je ne sais pas !*
– *La maîtresse de votre époux est-elle différente de vous ?*
– *Heureusement…*
– *Les gestes qu'ils ont dû avoir ensemble peuvent-ils donc être à l'identique des vôtres ?*
– *Non.*
– *Sont-ils donc différents ?*
– *Oui.*
– *En ce sens, votre manière de faire l'amour avec votre époux est-elle unique ?*
– *Oui…* »

Chaque relation est unique

L'infidélité ne peut en aucun cas briser l'unicité de la relation entretenue avec la personne trompée. Le **particularisme** propre à chaque individu se retrouve également aux relations entretenues entre eux.

Toute rencontre, même contraire au « règlement intérieur » de chaque couple, enrichit la personne et est intégrée d'emblée dans ce qu'elle est. L'époux d'Isabelle existe indépendamment d'elle. Le type de relation qu'il entretient avec son épouse n'est qu'un pan de son existence.

Il n'est pas seulement mari mais aussi fils, ami, collègue… L'éventail des différents personnages qu'il peut être le rend irréductible au seul rôle d'époux. Cette **multiplicité** de facettes crée son histoire, constitue son être et fait de lui l'homme dont Isabelle est amoureuse. Grâce au multiple, il est unique et rend par là même la relation avec son épouse particulière et irremplaçable.

En ce sens, une relation peut donner suite à une autre mais sans jamais altérer le particularisme de la précédente. Ainsi, la rivalité que vit Isabelle, au-delà de sa douleur narcissique, n'a pas de sens en termes d'ontologie. Sa relation amoureuse n'est pas entaché par l'infidélité de son époux. Seule sa trahison est capable de la blesser.

Ce qu'Isabelle peut légitimement reprocher à son mari, c'est l'entorse au contrat de fidélité qu'ils se sont promis. La crainte d'être abandonnée reste pourtant vivace chez la jeune femme malgré deux éléments : que son époux n'ait été infidèle qu'à la règle, et qu'il veuille également rester auprès d'elle. Dans ce cadre-là, rejeter son époux serait-il la solution à son infidélité ? En effet, craindre de perdre l'être aimé n'est-il pas le signe de l'amour que nous lui portons ? Comment dès lors être à même de se battre contre les risques affectifs d'une infidélité ?

Faut-il pardonner ?

Qu'est-ce que le pardon ?

Le pardon s'entend comme l'action de ne plus tenir rigueur de la faute commise. Il permet, sans toutefois jamais oublier, une réconciliation par l'intégration de l'erreur au sein de la relation. On ne pardonne qu'à la condition d'accepter l'acte répréhensible.

Pour le philosophe **Vladimir Jankélévitch**, le pardon confirme la dimension changeante du devenir. Il accepte l'évolution inhérente à toute existence ainsi que les changements qui y sont liés. Le pardon revient à accepter une réalité qui ne correspond pas toujours à ce que nous voudrions. Dans *Le Pardon*, il écrit : « *Le pardon aide le devenir à devenir, mais le devenir aide le pardon à pardonner.* »

Le problème que rencontre Isabelle lorsqu'elle emploie la notion de pardon, c'est le chemin par lequel elle pourrait y accéder.

Empêtrée dans sa souffrance, sa première impression est qu'elle ne pourra jamais pardonner à son époux un tel acte.

Pour ce faire, elle légitime son impossibilité à pardonner par le fait qu'elle ne pourra jamais oublier ce qu'il lui a fait subir. Or, pardonner n'implique en aucune manière l'**oubli**. Bien au contraire, si le pardon intègre ce qui est reproché à la relation afin que celle-ci puisse ne pas y trouver une fin, c'est qu'il n'oublie pas. Si oubli il y a, l'intégration est caduque puisqu'il n'y a rien à pardonner.

— *« Même si ma relation avec lui reste unique, je ne pourrai jamais lui pardonner !*
— *Pour quelles raisons ?*
— *Parce qu'il m'a fait trop mal et que je ne pourrai jamais oublier…*
— *Le pardon et l'oubli sont deux choses bien distinctes.*
— *Mais ça veut dire quoi pardonner, alors ?*
— *Accepter qu'il vous ait été infidèle sans l'oublier.*
— *Mais comment ? !*
— *En ne le réduisant pas à sa seule infidélité.*
— *Je ne comprends pas…*
— *Les caractéristiques de votre époux vous ont-elles permis de l'aimer ?*
— *Oui.*
— *Ne pas lui pardonner ne reviendrait-il pas à les faire disparaître derrière la faute commise ?*
— *Oui. »*

Réduire l'être à l'acte

Ne pas pardonner peut être entendu comme une réduction de l'être à l'acte réprimandé. Nous définissons autrui comme la somme des actes qui lui sont propres. Ils sont ce par quoi autrui nous apparaît. Sans cette participation active au monde, nous serions dans l'incapacité de nous reconnaître.

Nos relations avec autrui vont par conséquent être déterminées par l'appréciation **subjective** que nous en avons. Si Isabelle aime son époux, c'est qu'elle apprécie sa manière de se comporter au quotidien. Dans le cas d'infidélité qu'elle vit, si elle choisit de quitter son mari cela signifie qu'elle choisit de ne retenir qu'une partie de lui-même.

— « *L'infidélité retire-t-elle les qualités propres de celui qui en est l'auteur ?*
— *Bien sûr que non…*
— *Pourquoi cet acte prendrait-il le dessus sur les autres ?*
— *Parce qu'il me blesse et que je ne le soupçonnais pas de pouvoir m'être infidèle.*
— *Ceci prouverait-il que nous sommes prisonnier du changement ?*
— *Oui, mais il en est aussi responsable !*
— *Autant que vous face à votre pardon…* »

Isabelle relève ici un point très important : les changements inhérents à toute existence ne permettent pas à l'individu de rester à l'identique de ce qu'il était. Les expériences s'inscrivent dans le vécu de la personne, en font sa richesse et sa différence.

Si la relation entre deux personnes « évoluantes » n'évolue pas, elle va se retrouver en totale inadéquation avec les protagonistes qui la composent. En ce sens, les changements inscrits en chaque être peuvent très bien ne plus être appréciés par la ou le partenaire au sein de la relation amoureuse.

Sortir de la co-victimisation

Nous sommes tous responsables de nos réactions face à un acte commis par un autre. Si l'époux d'Isabelle est **responsable** de son infidélité, elle prend l'entière responsabilité de le quitter. En cela, elle s'inscrit autant que lui dans l'action. Si elle ne l'a pas obligé à la tromper, il ne l'a pas non plus obligée à le quitter.

S'inscrire dans un rapport de non-victimisation permet de reprendre possession de soi et d'agir en conséquence. Isabelle ne peut faire endosser à son époux la décision qu'elle est seule à pouvoir prendre.

Chaque existence prenant des voies différentes et propres à elle, on ne peut en vouloir à l'autre d'agir en fonction de ce qu'il estime être le mieux pour lui, même si c'est à notre détriment. Accorder ou pas à son époux le pardon qu'il lui demande ne relève que de sa seule décision et fait partie de son histoire. Si l'infidélité de son époux reste pour Isabelle l'origine de sa décision de rompre, elle ne pourra lui reprocher la rupture de son couple. Elle en sera la seule responsable.

Épilogue

L'infidélité qu'a subie Isabelle fera désormais partie de la relation qu'elle choisira de continuer ou non avec son mari. Elle ne peut qu'accepter le fait qu'il ait agi de la sorte. En effet, son existence, indépendante de la sienne, a emprunté cette voie-là pour des raisons qui lui sont propres. Le contrat de fidélité établi lors de leur union n'a pas survécu à l'évolution d'un des deux « signataires ». Face à un tel manquement à la règle, Isabelle devra prendre la décision qui pour elle sera la plus juste. Et c'est là qu'est son désarroi. Que faire ? Quitter un homme qu'elle continue à aimer malgré le mal qu'il lui a fait, ou lui pardonner son erreur ? Elle seule sera décisionnaire. En revanche, ce qu'Isabelle a pu saisir lors de sa réflexion, c'est que l'interprétation que l'on se donne est essentielle dans les choix que nous faisons. Endosser le rôle de victime ou celui de responsable a des conséquences énormes sur nos existences : le premier implique de n'exister que par l'action d'autrui tandis que le second me fait exister par ma propre action. En ce sens, pardonner revient à accepter un acte qui blesse sans s'identifier en tant que victime.

L'infidélité est-elle pardonnable ?

───────── Quelques questions à se poser ─────────

Quelles peuvent être selon vous les raisons de l'infidélité ?

Quelle différence faites-vous entre vos pulsions sexuelles et la relation amoureuse ?

Quel impact son ou votre infidélité pourrait avoir dans votre couple et pourquoi ?

Quel sens donnez-vous au pardon ? Êtes-vous en général capable de pardon ?

Moins de désir,
est-ce moins aimer ?

Christophe, 39 ans, travaille dans un cabinet d'avocats. Brillant dans son secteur, il vit depuis six ans avec Marie. Ils ont ensemble une petite fille. Christophe dresse un tableau idyllique de sa vie ; il peine à vouloir parler du ou des problèmes qui l'ont amené à consulter. Au bout de quelques instants, il se décide enfin à dévoiler la raison de sa présence. Il ne désire plus sa femme. Il regarde de plus en plus les silhouettes féminines dans la rue et perd parallèlement tout désir pour celle qui l'accompagne depuis des années. Par extension, il pense ne plus l'aimer bien qui lui soit très attaché. Imaginer la vie sans elle lui paraît difficile et rester à ses côtés lui semble incompatible avec l'absence de désir qu'il ressent. Il se trouve donc dans une situation compliquée qu'il n'arrive pas à gérer. La question à laquelle Christophe aimerait répondre afin d'y voir plus clair concerne les relations entre le désir et l'amour.

Le désir, cette propension humaine à vouloir ce que l'on n'a pas, se comprend comme un extraordinaire moteur au développement de l'intelligence. En effet, l'émotion suscitée par le manque engendre la volonté d'y parer. Se produit alors la mise en place de différents moyens afin d'acquérir ce que l'on désire. Au sein de l'élan amoureux, l'individu désire celui ou celle qu'il ne possède pas. L'amour ressenti pour autrui sera d'autant plus fort que ce dernier lui résistera. Pour **Rousseau**, le bonheur est dans le désir. Pour ce philosophe du XVIIIe siècle, auteur *Du contrat social*, on jouit moins de ce qu'on obtient que de ce qu'on espère ; on est heureux avant d'être heureux. **Proust** également définira l'attente au creux de son lit du baiser maternel comme un instant de bonheur, interrompu par les pas de sa mère se dirigeant vers sa chambre, annonçant ainsi la mise en marche du compte à rebours. Christophe corrobore cette vision du bonheur comme allié du désir. Il l'interprète comme ce par quoi l'amour peut naître. Pour lui, aucun sentiment amoureux n'est possible sans l'expression du désir. S'il est effectivement essentiel à l'émergence du sentiment amoureux, l'est-il autant au cœur de la relation amoureuse ? Les questions que Christophe se pose et auxquelles il souhaite trouver des réponses se situent au niveau de la définition même du désir. S'interroger sur la nature de nos désirs est nécessaire à la pertinence de nos décisions. Désirer un corps n'est pas la même chose que de désirer une vie faite d'échanges amoureux.

- Qu'est-ce que le désir ?
- Le désir peut-il s'entretenir ?
- Est-il la condition nécessaire de la relation amoureuse ?

Comment définir le désir ?

Un peu d'étymologie...

Étymologiquement, le « désir » vient du latin *« de sidus »*, c'est-à-dire « **absence** de l'étoile ». En ce sens, le désir est d'emblée rattaché à l'absence. On ne désire que ce que l'on n'a pas. Lors de sa première rencontre avec Marie, Christophe l'a désirée. Le fait de ne pas savoir si la réciproque existe rend l'affaire davantage excitante. C'est dans cette quête du désir de l'autre que le désir prend toute sa dimension. Il est le signe du manque et de la volonté de le rassasier.

Une fois le manque comblé, le désir s'effiloche avec l'assurance de l'avoir assouvi. Dès lors, il se détourne de l'objet pour en retrouver un autre, persuadé que cette obtention nouvelle le remplira pour toujours. Hélas, la quête de nouveaux objets susceptibles de générer du bien-être est un leurre. La volonté de satisfaire un désir ne peut qu'entraîner la désillusion quant au bien-être envisagé.

En effet, il est, par définition, intarissable. Le fait de chercher au-dehors de soi des solutions à un manque intérieur implique un décalage entre l'objet et le manque. En d'autres termes, le manque traduit la conviction qu'il manque quelque chose pour que le bien-être puisse émerger. Si le bien-être recherché est juste matériel, il est judicieux d'obtenir matériellement ce qu'il convient.

Dans *Lettre à Ménécée*, **Épicure** établit deux sortes de désirs. Les désirs naturels (boire, manger, dormir) et les désirs non naturels (richesse, pouvoir…). Il instaure donc une hiérarchie des désirs en fonction de leur finalité. Son dessein est de ne pas soustraire le bonheur de l'homme à des désirs qui ne pourraient que le compromettre.

En revanche, si le bien-être recherché est d'ordre personnel, nul objet extérieur ne pourra être en mesure de l'apporter. L'immatérialité du bonheur ne peut être appréhendée par des formes matérielles, objets ou humains.

Il y a ici une différence non pas de degré mais de nature entre les propositions et le manque auquel elles sont censées apporter une réponse. Le discours de Christophe emprunte cette voie-là.

— *« Je viens vous voir car je crois que je ne suis plus amoureux de ma femme…*
— *C'est-à-dire ?*
— *Je ne la désire plus.*
— *En quel sens ?*
— *Sexuellement… entre autres. Ça fait trois mois qu'on ne fait plus l'amour. Je regarde les autres filles dans la rue en ne rêvant que d'une chose, être célibataire pour pouvoir faire ce que je veux et avec qui.*
— *C'est ce qui vous fait dire que vous n'aimez plus votre femme ?*
— *Non, il n'y a pas que ça… C'est vrai que je m'ennuie avec elle. Au bout de quatorze ans, on a plus grand-chose à se dire et du coup j'ai envie de sortir sans elle, de rencontrer d'autres personnes.*

— *Dans quel but ?*
— *Dans le but d'être heureux !* »

La confusion entre plaisir et bonheur

L'angoisse que Christophe ressent face au désir qu'il a pour d'autres femmes que la sienne dénote chez lui une **confusion** entre deux concepts : le plaisir et le bonheur. Si le premier est la réponse à un désir satisfait, le second est la réponse au sens que nous donnons aux choses.

Le ressentiment qu'éprouve Christophe face à sa frustration de ne pouvoir étreindre d'autres corps mute en croyance de pouvoir atteindre le bonheur en répondant à la tentation. Empêtré dans les méandres d'un quotidien répétitif, il ne peut s'empêcher de rêver de liberté prise en son sens le plus trivial : répondre à ses besoins immédiats.

— « *Qu'entendez-vous par "être heureux" ?*
— *Le fait d'être libre, de faire ce que je veux et sans entrave…*
— *Quelle est cette entrave à votre liberté ?*
— *Mon quotidien !*
— *Que lui reprochez-vous ?*
— *De ne pas changer…*
— *Pourquoi ?*
— *Parce que je ne suis plus heureux comme ça !*
— *Vous l'étiez ?*
— *Quand je désirais ma femme, oui.*
— *N'est-elle plus désirable ?*
— *Non, ce n'est pas ça ! Mais moi je ne la désire plus…*
— *Pour quelle raison si elle est désirable ?*
— *Parce que mon quotidien est insupportable de monotonie.*
— *Est-ce à dire que vous aimeriez moins votre quotidien que votre épouse ?*
— *Peut-être…* »

Moins de désir, est-ce moins aimer ?

Le désamour de soi-même

Christophe semble faire un amalgame : confondre la personne avec qui il partage sa vie et la tristesse de son existence. N'aimant plus sa vie de couple, il lui apparaît ne plus aimer celle avec qui il la partage. Comment, dans ce cadre-là, faire la part des choses entre le désamour de la situation et le désamour de l'autre avec qui on la traverse ?

La liberté dont fait mention Christophe se définit comme la possibilité de satisfaire ses désirs. Satisfaction qui le rendrait apparemment heureux. Pourtant, si le fait de répondre au désir le rend heureux, ça ne peut être qu'un bonheur éphémère puisque « atteindre son idéal, c'est déjà l'avoir dépassé[1] ». Cette pensée de **Nietzsche** traduit parfaitement l'absence de plénitude que représente la course au désir.

La raison d'être du désir étant d'avoir ce que l'on n'a pas, l'exaltation qu'il fait naître avant qu'il ne soit assouvi disparaît avec la possession de l'objet sur lequel il s'est projeté. L'être désirant se trouve dans une situation de précarité et dans une **inconstance** impropre au bien-être.

Entrevoir son bonheur dans l'exaltation de plaisirs est, au sens strict du terme, insensé car le sens des notions que Christophe utilise pour mettre des mots sur sa douleur est mal appréhendé. Je décide ainsi de l'interroger sur ce qu'il entend par bonheur et quel chemin il pourrait emprunter afin d'y accéder.

Donner du sens à sa vie

Perte de désir, perte de sens

S'il est quelque chose que nous partageons tous, c'est bien la quête du bonheur. S'il est à même de prendre des formes aussi différentes

---
1. Nietzsche, *Par-delà le bien et le mal*, Hachette, 2004.

que ce que nous sommes, il nous réunit cependant sur un point : être en accord avec ce que l'on est. Il ne dispense ni des souffrances que l'existence induit, ni des efforts qu'elle demande – car donner un sens à sa vie oblige à l'organiser selon des choix.

Sans interrogations sur le sens que nous apportons à l'existence, on ne peut l'appréhender justement. La méconnaissance que suggère le manque de réflexion rend la personne victime de son manque de lucidité. On ne maîtrise dès lors plus notre vie. Au contraire, nous la laissons nous maîtriser. En ne lui donnant aucun sens, nous la subissons.

La perte de désir que Christophe éprouve face à son épouse semble bien être la conséquence d'un manque de questionnement quant au sens de sa vie de couple. S'étant laissé bercer par sa relation amoureuse sans jamais l'interroger, elle s'est effilochée sans même qu'il s'en rende compte.

– *« Quel sens votre vie de couple a-t-elle ?*
– *Quel sens ? Je ne sais pas…*
– *Qu'attendez-vous d'elle ?*
– *D'être heureux.*
– *Par quels moyens pensez-vous y arriver ?*
– *Je ne sais pas…*
– *Vous estimez-vous ignorant quant aux moyens de lui donner un sens ?*
– *Non ! Je veux être plus libre.*
– *Par la succession de plaisirs à laquelle vous faisiez allusion ?*
– *Euh… oui.*
– *Sans amour ?*
– *Non ! C'est sûr qu'avec l'amour c'est mieux.*
– *Pourquoi ?*
– *Parce qu'on peut partager un tas de trucs. On est complices. On est moins seul…*
– *Jusqu'à ce qu'on le redevienne ?*
– *Il faut tout faire pour que ça n'arrive pas. Enfin, si on tient à la personne…*

— *Avez-vous fait ce "tout" dans votre couple ?*
— *Oui, je pense mais après, c'est le quotidien qui tue l'amour.*
— *Le quotidien ou votre quotidien ?*
— *Le mien...*
— *Vous estimez-vous en partie responsable de ce quotidien que vous n'aimez pas ?*
— *Un peu quand même... »*

Être maître de son existence

Le concept de **responsabilité** est ici très important. Il permet deux choses :

La première est de ne plus se présenter en tant que victime mais en tant que responsable de la situation. Comme l'écrit **Jean-Paul Sartre** : « *Certes Adam a choisi de croquer la pomme, mais il n'a pas choisi d'être Adam.* » Il y a dans cette citation une reconnaissance des décisions que l'on peut prendre en ce qu'elles ne concernent que nous, qui en sommes l'auteur. Si effectivement nous ne pouvons échapper à ce que nous sommes, nous pouvons, par le libre arbitre, prendre conscience de l'impact que nos actes ont sur nos vies. Une personne lâche peut devenir courageuse si elle accomplit un acte courageux. Rien n'est figé lorsqu'on s'estime responsable de ce que l'on fait.

La deuxième est que la responsabilité conduit à l'**engagement**. Le fait de ne plus se vivre comme victime de l'existence permet d'y prendre vie, d'y laisser son empreinte et non plus l'inverse. Par le sens que nous apportons aux choses qui nous entourent, nos choix n'en sont que plus en adéquation avec nos attentes. Sans cette faculté décisionnelle, l'individu est prisonnier du monde. Le subissant, il ne peut que se plaindre de son existence.

S'aimer pour désirer l'autre

Lorsque Christophe se demande avec sincérité s'il aime toujours sa femme (car il ne la désire plus), il fuit le vrai problème en se projetant dans des désirs que nous éprouvons tous. Désirer d'autres corps que celui ou celle avec qui nous partageons nos vies est un élan purement physique. Vouloir y poser dessus le concept de liberté comme garant du bonheur est beaucoup plus hasardeux.

Si le désir est nécessaire au sein d'un couple, l'amour y est essentiel. Si le premier peut trouver une multitude de sujets capables d'y répondre, la chose est beaucoup moins aisée pour le second.

L'épouse de Christophe fait pour lui partie intégrante de l'ennui qui l'étouffe. Par extension, il ne la désire plus, tout autant qu'il ne désire plus sa vie. Faire la part des choses entre les différents pans de son existence est essentiel à leur compréhension. Savoir différencier les qualités intrinsèques de son épouse de son existence morose permettra à Christophe de prendre une décision fondée sur une réelle réflexion et non plus sur une fuite. Dans le premier cas, il agit en personne responsable, dans le second, il livre son existence entière aux vicissitudes de la vie.

Charles Baudelaire écrit sur l'amour dans *Delphine et Hippolyte* :

> « *Maudit soit à jamais le rêveur inutile*
> *Qui voulut le premier, dans sa stupidité,*
> *S'éprenant d'un problème insoluble et stérile,*
> *Aux choses de l'amour mêler l'honnêteté !* »

Épilogue

Avoir une vision trop simpliste de la relation amoureuse, c'est-à-dire l'appréhender comme quelque chose par quoi on se laisse porter, c'est courir à sa perte. Confondre désir et amour, attirance physique et échange harmonieux entre deux personnes, est également un moyen de refuser la curiosité que nécessite la relation amoureuse. Curiosité, car découvrir les changements évolutifs de la personne avec qui nous partageons notre vie la rend par là même désirable puisque différente de ce qu'elle était. Ce n'est pas ici une plaidoirie de la fidélité, car chaque personne est libre d'entreprendre sa vie comme elle l'entend, mais c'est en tout cas le seul moyen pour qu'au sein du couple l'ennui ne vienne pas trop s'immiscer. Il faut garder à l'esprit que le monde change et qu'à ce titre, les vivants qui en font partie changent également. Par l'acceptation de cet état de fait, la découverte du conjoint est sans cesse renouvelée et l'amour entre deux personnes renforcé.

―――――― Quelques questions à se poser ――――――

Êtes-vous curieux de votre partenaire ?

Qu'attendez-vous de la relation amoureuse ?

Essayez de définir les notions de désir et de bonheur afin de mieux comprendre la nature de votre couple.

II.

L'image de soi

La beauté est-elle la condition du désir ?

*Sophie, 49 ans et DRH dans un grand groupe, est mariée depuis vingt-six ans. Comblée en tant que mère et épouse, elle n'en est pas moins effrayée par le temps qui passe et les changements physiques qui en découlent. Bien qu'étant une très belle femme, elle me dit s'apercevoir que les hommes la regardent moins qu'avant dans la rue. Une impression d'être moins **désirable** la tenaille depuis quelque temps, générant un doute quant à sa beauté. Les questions esthétiques qu'elle se pose concernent les relations que la beauté plastique entretient avec le désir sexuel. Partant du postulat qu'une jeune fille est plus désirable qu'une femme de son âge, elle ne peut s'empêcher d'établir un raccourci qui engendre un déficit esthétique de sa propre image.*

Lorsque Sophie parle de désir, elle exprime l'attirance sexuelle d'une personne envers une autre. Cette attirance ne se porte pas sur n'importe quel individu. Les critères de sélection sont à comprendre dans l'histoire de la personne ainsi que dans les valeurs sociales du beau qui sont les siennes. En ce sens, le concept de beauté semble différent de celui de désir. On peut en effet trouver une personne belle sans pour autant la désirer. Inversement, on peut éprouver du désir pour un individu que nous ne trouvons pas forcément à notre goût. Par là, le désir est avant tout lié à un besoin physique, à un instinct reproductif commun à toutes les espèces vivantes tandis que la beauté fait appel, non seulement au sens et à l'expérience sensible, mais rejoint également une dimension intellectuelle garante de bien-être. Les questions que soulève Sophie portent davantage sur la nature même de la beauté, à savoir ce qu'elle représente, ce qui la fait naître, que sur les critères drastiques qui sont censés la représenter.

> - Qu'est-ce que la beauté ?
> - Pourquoi y sommes-nous sensibles ?
> - Concerne-t-elle l'esprit ?
> - Répond-elle à des critères ?

Le beau

Quel est le lien entre désir et beauté ?

Le désir sexuel diffère de la beauté car il n'est que volonté de répondre à une demande physique. L'objet sur lequel se porte l'excitation libidinale peut être trouvé beau, mais ce n'est pas la condition pour laquelle il sera suscité. En effet, des raisons biologiques poussent les individus à rencontrer la personne avec laquelle la descendance sera la plus viable.

Ainsi, lorsque **Schopenhauer**, philosophe allemand du XIXe siècle, publie sa *Métaphysique de l'amour*, il défend une idée qui aujourd'hui est confirmée par la neurobiologie. Il explique l'attraction amoureuse entre deux êtres par le seul fait de se reproduire et d'engendrer la progéniture la plus apte à survivre en milieu hostile. De ce fait, pour le philosophe, il n'y aurait de bonheur que dans le célibat ou la polygamie.

Par ailleurs, le désir peut être mis en marche par les critères esthétiques que la société véhicule. En ce sens, l'objet devient le déclic du désir mais non son origine. La démarche inconsciente de procréer, inhérente au désir sexuel qui lui-même fait partie de l'instinct de conservation, relève davantage du biologique que de l'esthétique. Dans son *Évolution des espèces*, **Darwin** explique l'existence de différents paramètres instinctifs, tel celui de la reproduction, comme étant à la base de la pérennité des espèces vivantes. L'être humain, ne dérogeant pas à la règle, est lui aussi empreint d'un tel élan de conservation par le biais de l'acte reproductif, même si la formule est peu romantique…

C'est en cela qu'il se différencie de la beauté, irréductible à la forme et pourtant constamment jointe. Elle ne répond point à des besoins vitaux. Elle n'est pas nécessaire à la vie. Toutes les espèces vivantes n'en ont pas besoin. Excepté l'homme.

— *« Qu'entendez-vous par "désir" ?*
— *Le fait de vouloir étreindre une personne…*
— *Dans une finalité qui lui est extérieure ?*
— *Oui.*
— *Et qu'entendez-vous par "beauté" ?*
— *Le beau, c'est une sensation plus cérébrale…*
— *C'est-à-dire ?*
— *Ce n'est pas physique.*
— *Pourtant l'objet beau est bien physique…*
— *Oui, mais dans ce que l'on interprète comme beau, c'est seulement l'esprit qui est aux commandes, pas le corps. »*

Il n'y a que l'homme capable d'aimer la beauté

L'intimité intellectuelle qu'exprime Sophie lorsqu'elle parle de la beauté dénote de l'humanisation de ce concept. Il n'y a en effet que l'homme capable de créer du beau ; un être doté de conscience et d'imagination, susceptible d'interpréter le monde à sa façon.

La beauté est une création de l'esprit en ce qu'il est capable de porter un **jugement** sur ce qui l'entoure. Le fait de juger nécessite une conceptualisation du monde, c'est-à-dire une approche réflexive permettant de différencier les choses entre elles.

En ce sens, réussir à développer une émotion face à la beauté, c'est réussir à créer en soi une émotion procédant du jugement.

Par là, la beauté ne peut appartenir qu'à un être conscient et imaginatif.

La beauté est ici humanisante. Elle entraîne celui qui la voit vers plus de distance avec le concret. Un champ de blé peut être observé comme quelque chose de différent des kilos de farine qu'il va produire.

La beauté fait sortir du concret pour l'interpréter d'une autre manière. Nos sens nous mettent en relation directe avec le monde tandis que nos jugements lui confèrent un sens.

La beauté se trouve sur les supports que nous lui donnons. Nous trouvons des objets beaux. « La beauté est dans l'œil de celui qui regarde » a-t-on l'habitude d'entendre. Ce n'est que par l'interprétation que nous avons des choses que nous réussissons à leur attribuer une valeur esthétique.

De la beauté naît l'émotion

Il y a ici source d'inégalité face à la beauté. Si la beauté est culturelle puisqu'elle ne peut qu'émaner d'un homme, il va de soi que les individus ne sont pas tous égaux face à la découverte du beau. Elle demande un regard interprétatif sur le monde, capable d'y déceler des images susceptibles de faire naître l'émotion.

En ce sens, la beauté ne peut aller de pair qu'avec une imagination pleine de références. Plus je connais le monde, au travers de différents supports, mieux je le comprends dans ses nuances. Les agences de publicité savent très bien quel impact cette maîtrise des choses peut avoir sur le grand public. En jouant sur les images et les concepts, elles créent un échange intime avec le spectateur qui s'émeut devant le sens nouveau donné à l'ordinaire.

Par exemple, si je trouve une vieille dame très belle, c'est qu'elle évoque en moi le temps qui passe, la sagesse, le calme, l'expérience, etc.

L'**interprétation** du réel nécessite que son appréhension première soit acquise. On ne peut trouver du beau que lorsqu'on ne s'interroge plus sur la raison des choses ; celle-ci étant intégrée, on peut l'esthétiser en y mêlant un sens nouveau.

Pouvoir se débarrasser du réel pour qu'il puisse répondre à une vision plus intimiste de la personne ne peut se faire que par une **intellectualisation** de celui-ci, c'est-à-dire une approche référentielle de ce qui m'entoure. J'ai besoin de références pour pouvoir trouver du beau dans les choses. Sans elles, je ne peux traduire le monde par le langage de la beauté, langage qui peut être interprété comme la concrétisation physique de nos références.

Dans cette optique, pourquoi Sophie ressent-elle son physique comme moins beau que lorsqu'elle était jeune ? Si la beauté n'existe que dans le regard qui la fait naître, comment se fait-il que des critères esthétiques stricts soient très souvent à l'origine du fait que certaines personnes soient qualifiées de belles ?

Entre beauté libre et beauté adhérente

La beauté libre est imprévisible

Pour **Kant**, philosophe allemand, il existe deux sortes de beautés : la première est la **beauté libre**. Elle se caractérise par sa non-concordance avec ce qui a une fin particulière. Par là, tout ce que nous pouvons trouver beau en dehors de toute fin est d'ordre de la beauté libre kantienne. Par exemple, un tableau pictural n'a d'autre finalité que lui-même.

C'est ce qu'exprime Sophie dans son discours lorsqu'elle évoque ce qu'elle entend par « beauté ».

— *« La beauté dont vous me parlez peut-elle avoir un but ?*
— *Comment ça ?*
— *Peut-elle répondre à une fin particulière ?*

— Non. Justement, elle se suffit à elle-même.
— En ce sens, se comprend-elle comme extérieure à tout désir sexuel dont le but est clairement défini ?
— Vu sous cet angle... oui.
— Être moins désiré, est-ce donc être moins belle ?
— Je ne pense pas...
— Dans ce cas-là, comment expliquer la croyance en une beauté physique comme affiliée à un but, qu'il soit d'ordre esthétique en répondant à des critères objectifs ou sexuels ?
— Je ne sais pas... »

S'il est juste que la beauté n'a pas de raison d'être en dehors d'elle-même, la forme de beauté que mentionne Sophie en tant qu'attirance sexuelle ne rentre pas dans ce cadre-là.

De plus, l'existence de critères purement esthétiques tels que nous les connaissons au travers des mannequins affichés dans les médias ne peut générer la beauté libre telle que la conçoit **Kant**. En effet, si cette forme de beauté n'a aucune utilité, le fait de correspondre aux critères qui font qu'une personne est belle ne peut être utile à mon dessein d'être beau. Par exemple, « se faire beau » a comme but l'adéquation à l'idée que j'en ai.

La beauté émerge là où on ne l'attend justement pas, lorsque sur un support, quel qu'il soit, nous interprétons autre chose que ce que l'apparence nous en donne, que ce soit la traînée d'un avion dans le ciel comme symbole de liberté, ou la nostalgie d'un moment passé.

En revanche, établir des canons esthétiques rend la beauté purement académique ; l'on ne peut rien voir d'autre que la correspondance à ces canons.

La beauté adhérente est calculatrice

Par **beauté adhérente**, Kant entend toute forme de beauté qui se rattache à une quelconque fin. C'est, dans le discours de Sophie, la beauté qu'elle semble regretter, celle qui fait être désirable. La différence est fondamentale à la compréhension du problème. Par exemple, la table que j'achète a une autre fonction que celle d'être uniquement belle.

Lorsque Sophie se prépare, soigne son apparence dans l'espoir sous-jacent de pouvoir attirer les hommes, elle génère de la beauté adhérente puisqu'elle a une fin : être reconnue en tant que belle femme.

En ce sens, la beauté adhérente formate la beauté en fonction de son but. La beauté d'un meuble n'est là que pour agrémenter sa fonction. Il y a également dans la séduction physique une recherche esthétique dont la manœuvre est de plaire et, par extension, d'être aimé.

La beauté n'est plus ici prise comme une fin en soi qui n'aurait d'autre dessein qu'elle-même, mais comme un moyen correspondant à des formes bien précises, érigé par une époque et un lieu. C'est la raison pour laquelle les critères esthétiques varient avec autant d'inconstance que ce qu'on y met d'ardeur à y croire. C'est pour cela aussi que l'on peut s'étonner de nos changements de goûts qui nous font trouver beau ce que jusqu'alors nous détestions.

— *« Je suis d'accord avec vous,* me dit-elle, *mais je suis donc moins désirable qu'avant… Ce qui n'arrange en rien mon problème…*
— *Ça vous permet au moins de ne plus confondre beauté libre et beauté adhérente.*
— *Mais la beauté adhérente est celle qui plaît le plus aux hommes.*
— *Tout dépend de leurs attentes. Quelles sont les vôtres ?*
— *Je me demande pourquoi quand on vieillit on est moins désirable…*
— *Des raisons sans doute biologiques qui nous font choisir le partenaire le plus apte à nous donner une progéniture saine et viable. »*

L'homme créa la beauté pour survivre

Si effectivement, dans toutes les sociétés et de tout temps, l'attirance sexuelle se fait sur des critères plus ou moins différents, il en est qui ne varient pas ; la robustesse d'un corps, la jeunesse d'une personne, la vitalité qui s'en dégage. Car dans toutes les espèces animales, les rapprochements sexuels se font en vue de se reproduire.

Ces comportements sexuels, qui nous font choisir le ou la partenaire le plus en adéquation avec ce que nous sommes, semblent plus importants que les critères esthétiques dans nos choix amoureux.

Si le canon de la beauté pour les filles oscille entre un petit 36 tendant sur un 34, il ne répond pas aux critères du désir masculin qui recherche dans les formes universelles de la femme ceux de la maternité.

Épilogue

La beauté dont parle Sophie est adhérente car elle se définit par un but : séduire. La peur qu'elle éprouve à ne pas être belle correspond à une perte de son pouvoir de séduction en ce que la vieillesse est moins susceptible d'engendrer un désir de procréation que la jeunesse. En revanche, s'exercer à envelopper le réel d'un sens nouveau et personnel permet de générer de la beauté et d'en ressentir un bien-être. Par elle, on entre dans un monde de symboles où tout est susceptible de pouvoir créer une émotion de plénitude. En ce sens, être générateur de beauté entraîne irrémédiablement l'appréhension d'un monde qui me surprend et que je découvre. Courir après la volonté d'apparaître beau selon des critères purement sociaux est à même de pouvoir construire du plaisir. En attendre autre chose, c'est-à-dire rentrer dans la dépendance du regard d'autrui en tant que personne séduite en vue d'être heureux, est sans doute le leurre le mieux partagé…

La beauté est-elle la condition du désir ?

Quelques questions à se poser

Faîtes-vous une différence entre être belle et être désirable ?

Avez-vous déjà trouvé beau quelque chose ou quelqu'un qu'auparavant vous ne trouviez pas beau ?

Arrivez-vous à imaginer ce que chaque chose raconte ?

La jeunesse est-elle la promesse du bonheur ?

*Arlette, très jeune grand-mère célibataire, pousse la porte de mon cabinet avec une seule obsession en tête, savoir si oui ou non elle doit passer entre les mains d'un chirurgien plastique qui lui corrigerait ses rides d'expression et remodèlerait l'ovale de son visage. Je lui réponds immédiatement que la réponse viendra seulement d'elle et que je ne saurais, en aucun cas, promulguer un quelconque conseil. Le choix est d'ordre personnel. Elle s'interroge sur la légitimité d'un tel acte chirurgical et préférerait accepter les signes du temps qui passe. Évoluant au cœur d'une société où le **jeunisme** est roi, Arlette oscille entre la volonté de ne pas céder au diktat de la beauté juvénile et l'angoisse de ne plus pouvoir séduire. Experte en crème anti-rides et pilules antioxydantes, elle porte un regard cynique sur son comportement tout empreint de culpabilité. C'est d'ailleurs ce qui est le plus frappant chez Arlette : la **culpabilité** de ne pas vouloir vieillir.*

La vieillesse, par définition, est la dernière période de la vie, celle qui précède la mort. Le corps est usé, fonctionne de moins en moins bien, le visage s'affaisse, les rides se creusent… Or, le fait de vieillir est le seul moyen que nous ayons pour rester en vie. Point d'autres méthodes ! En ce sens, vieillir nous concerne tous et à tout âge. Le temps passe et nous observons ses **changements** sur nous et sur les autres. La vieillesse dont me parle Arlette est interprétée comme un rempart contre la séduction, la fin prochaine de sa vie affective s'imagine-t-elle. Le fait de séduire permet à la personne de se sentir socialisée car des regards se portent sur elle, quelle que soit la manière employée pour plaire. La peur de vieillir est véhiculée en grande partie par les médias et la publicité martelle un discours de jeunisme où seule la beauté sans rides, au grain de peau affiné est présente. Les promesses des différentes marques de cosmétiques sont liées à la redécouverte de nos 20 ans. Les médias amplifient alors le décalage entre l'âge véritable et l'âge apparent. L'effet pervers d'un tel comportement est le parallèle établi entre la jeunesse et le bonheur, comme si les deux concepts étaient intrinsèquement liés, comme si le dernier s'effilochait en même temps que les rides apparaissent. En ce sens, il est essentiel pour Arlette de bien définir ce qu'elle entend par les notions de **vieillesse** et de **bonheur**, afin d'accepter ou non l'opération chirurgicale en connaissance de cause. Sans ce travail d'analyse conceptuelle, elle pourrait très bien être dans l'attente d'autre chose qu'un simple ovale du visage apparemment plus jeune.

- Qu'est-ce que vieillir ?
- Que m'apporte une apparence plus jeune ?
- La vieillesse est-elle incompatible avec le bonheur ?
- Puis-je séduire en vieillissant ?

Qu'est-ce que vieillir ?

L'empreinte du temps qui passe

La vieillesse traduit avant tout le temps qui passe. Les changements physiques que nous subissons tous nous permettent de nous situer dans le temps. Par là, nous pouvons distinguer en observant les personnes le nombre approximatif d'années les éloignant de leur naissance. Le corps en ce sens est une carte de visite où se lit l'identité partielle de la personne : sexe, origine ethnique, âge, etc.

À la différence du sexe ou de l'origine ethnique, qui eux ne changent généralement pas au cours de l'existence, l'âge **évolue** en permanence. Il nous échappe continuellement alors même que nous voudrions le retenir.

Charles **Baudelaire** écrivait à son sujet :

> « *Souviens-toi que le temps est un joueur avide,*
> *Qui gagne sans tricher, à tout coup, c'est la loi.*[1] »

Cette impossibilité à retenir les années est inscrite sur nos corps comme un rappel de l'inexorable fin. C'est sur cette **peur** de la fin que se hisse la volonté de ne pas vieillir. La cause en revanche est intouchable.

La sensation qu'Arlette ressent face à l'écoulement temporel est abrupte.

— « *Je plais moins qu'avant car je suis vieille et la vieillesse fait peur.*
— *À qui plaisez-vous moins ?*
— *Aux hommes de mon âge qui préfèrent les filles de 30 ans !*
— *Est-ce pour séduire que vous voudriez paraître plus jeune ?*
— *Oui. Pour qu'on me regarde davantage…* »

Se sentir exister dans le regard de l'autre

Le problème que décrit Arlette porte davantage sur la séduction que sur une peur réelle de la mort. Dans son discours, elle parle des difficultés qu'elle éprouve à rencontrer des hommes de son âge. Elle se pose en rivale face à des femmes plus jeunes qu'elle et dont l'apparence serait plus attractive que la sienne.

On assiste ici à un problème d'ordre social. Les enfants du baby-boom conditionnés généralement pour se marier et pour passer leur vie avec la même personne sont eux aussi pris dans le **changement culturel** qui voue un culte à l'épanouissement personnel. Eux aussi, à l'image de leurs enfants, accordent davantage d'impor-

---

1. Charles Baudelaire, *Les Fleurs du mal*, « L'horloge ».

tance à leur personne qu'à leur couple et la liberté qu'ils connaissent aujourd'hui les rend plus fragiles que les générations auxquelles ils ont donné vie car ils n'étaient pas préparés à un tel bouleversement social.

Paraître plus jeune, et par extension plus belle s'imagine Arlette, serait un moyen de mieux pénétrer la jungle que forment les millions de célibataires comptabilisés en France. La course au jeunisme ne s'en trouve ainsi que renforcée.

— *« Dans quel but voudriez-vous être davantage regardée ?*
— *Pour avoir un choix plus important de soupirants…*
— *Que faciliterait leur plus grand nombre ?*
— *Plus de facilité pour rencontrer un homme avec qui construire une histoire.*
— *Que vous apporterait cette histoire ?*
— *Le bonheur.*
— *Les jeunes gens seraient-ils donc plus enclins au bonheur que leurs aînés ?*
— *Je n'ai pas dit ça… »*

Le bonheur réside-t-il dans la jeunesse ?

Vous aurez beau rechercher dans n'importe quelle encyclopédie, il vous sera impossible de trouver comme définition du bonheur la jeunesse. Ce sont deux concepts **distincts**. La jeunesse est indépendante d'une quelconque volonté. L'acte chirurgical sur lequel compte Arlette ne la fera paraître que seulement plus jeune. Elle n'en perdra pas pour autant son âge et cela n'aura pas d'incidence directe sur son bonheur.

En revanche, la notion de bonheur est plus à appréhender comme un bien-être intime, une vision sereine du monde où la personne trouve sa place. Le monde devient moins menaçant lorsqu'on lui donne un **sens**, et savoir qui l'on est et où on évolue permet de ne plus s'en sentir victime. En ce sens, le bonheur peut se définir comme une lucidité capable de déjouer la déception.

La jeunesse est-elle la promesse du bonheur ?

Pour **Épicure**, le bonheur ne se trouve que dans la réflexion, cette capacité humaine à comprendre le monde qui permet à l'homme de ne plus en avoir peur. Il prône un dégagement de toutes nos opinions fondées sur des croyances, des *a priori*.

Si la quête du bonheur affectif d'Arlette est réduite à un ovale du visage ou à la disparition de certaines rides, il ne fait nul doute qu'elle ne l'atteindra jamais en empruntant cette voie. La confusion entre le fait de vouloir davantage plaire et l'espoir de bonheur qu'elle en attend est profonde et risque fort d'entraîner l'échec de son dessein.

Arlette rebondit sur ce qui la touche en plein cœur : sa peur de vieillir.

— *« Que vouliez-vous dire alors ?*
— *J'ai l'impression que les gens beaux ont plus de chance de rencontrer l'amour et qu'à mon âge c'est plus difficile parce qu'on plaît moins. C'est une réalité !*
— *Il est évident que la beauté est plus attractive, qu'elle suscite de l'attirance qui peut déboucher sur une relation amoureuse, mais la question que je vous pose est celle-ci : pensez-vous que l'opération vous apportera plus de sérénité ou n'est-elle qu'un retardement à la non-acceptation du temps qui passe ?*
— *Sans doute est-ce reculer pour mieux sauter…*
— *Votre probable rajeunissement physique est-il un moyen pour séduire ou une fin en soi ?*
— *Une fin en soi ?*
— *Est-ce un moyen pour séduire ou pour vous accepter ? »*

Si le rajeunissement physique d'Arlette peut *a priori* lui procurer plus de regards extérieurs, est-ce simplement une arme de séduction ou la **volonté** de s'accepter davantage ? La différence est essentielle pour comprendre ce qu'Arlette attend de son opération. Quelles sont les limites en termes de bien-être d'une opération esthétique ?

Accepter la réalité pour bien vieillir

Accepter l'irrémédiabilité du temps

La **contingence** à laquelle nous sommes tous contraints ne permet pas de figer l'Humain à l'âge qu'il affectionne. Le temps passe malgré notre volonté de l'arrêter. Le concept d'existence comprend celui de la fuite temporelle. Qui n'est pas dans l'**acceptation** d'un tel fait ne peut qu'en souffrir.

L'irrémédiabilité de ce paramètre temporel rend possibles nos vies. S'accepter en tant que personne vieillissante, apprendre à aimer sa vie malgré les vicissitudes du temps permet une plus grande sérénité à son égard.

C'est en ce sens qu'il est essentiel pour Arlette de connaître les raisons de son désir de paraître plus jeune. Si son souhait est de stopper le temps, elle ne fait que reculer l'échéance tout en vivant dans la crainte de celle-ci. Refuser de vieillir, c'est se dénier soi-même. C'est souffrir d'être ce que l'on est, devenir son propre ennemi.

En ce point, le **déni** de la réalité que vit Arlette et la crainte qu'elle exerce sur elle ne disparaîtront pas en paraissant plus jeune. C'est soigner l'effet sans même en regarder la cause. Son discours corrobore cette attitude négative envers elle-même.

– *« C'est monstrueux de vieillir !*
– *Vous n'avez pas le choix…*
– *Je sais et c'est pour ça que je veux paraître plus jeune.*
– *Croyez-vous vraiment que vous serez plus jeune ?*
– *Non, j'ai l'âge que j'ai mais je ne veux pas le faire.*
– *Serait-ce un leurre ?*
– *Oui.*
– *Y croyez-vous ?*
– *Non.*
– *Votre crainte sera donc toujours présente ?*
– *Sans doute.*

— L'opération chirurgicale va-t-elle gommer votre crainte de vieillir ou ne va-t-elle faire que l'approfondir ?
— Je ne sais plus... »

La sérénité que souhaite acquérir l'homme afin de bien vivre au sein de son existence ne peut se faire que dans l'acceptation de celle-ci. Se refuser revient à ne pas s'aimer. Le déni de la réalité, accompagné souvent par la volonté de la contrer, n'est que le déplacement temporel du fait de ne pas s'aimer.

S'accepter soi-même

Renier son être, le transformer afin de correspondre davantage à ce que l'on voit chez les gens pour qui tout semble plus simple est une perte **d'essence ontologique** : je refuse d'être ce que je suis et j'essaie de devenir un autre. Par exemple, la jeune fille ronde qui veut absolument devenir ce qu'elle n'est pas en perdant du poids afin de trouver le bonheur.

L'être se fuit pour correspondre à une image qui n'est pas la sienne. La jeunesse faisant rêver Arlette, elle est prête à lui sacrifier son âge dans l'espoir d'un bonheur tout proche. Le lifting qu'elle voudrait se faire faire est fondamentalement différent d'une chirurgie esthétique du nez ou des seins ou de n'importe quelle partie du corps, en ce sens que les effets de ces dernières opérations se situent uniquement sur le corps de la personne, sur l'image qu'il donne de lui.

En revanche, vouloir jouer sur les effets du temps relève de la **non-acception** de la vie elle-même.

Bien vivre c'est bien vieillir. S'il est légitime de regretter sa jeunesse, il devient problématique de ne pas l'accepter comme une étape essentielle au développement de la vie.

Trouver le bonheur en soi-même

Esthétiser son corps pour séduire, augmenter son pouvoir de séduction sur autrui est une chose banale à laquelle nous accordons pour beaucoup d'entre nous une grande importance. Profiter des progrès de la chirurgie dans le but de se rendre la vie plus agréable s'entend comme un moyen. La beauté est ici prise en son sens le plus pragmatique : elle m'aide à mieux vivre, à plaire davantage, à jouer de mon pouvoir de séduction et ainsi à profiter de la vie.

Par contre, vouloir se battre contre le temps en le considérant comme un ennemi plus que comme ce par quoi notre existence est, devient un précipice où le désamour de soi ne peut qu'être source de malheur. Dans cette optique, l'impossibilité d'atteindre le bien-être est flagrante.

Pour **Rousseau**, *« c'est en vain qu'on cherche au loin son bonheur quand on néglige de le cultiver en soi-même*[1] *»*. Pour le philosophe des Lumières, entendant le bonheur comme un rapport intime de la personne et sa vision des choses, celui-ci ne peut se trouver dans les choses elles-mêmes.

Si la jeunesse n'est pas prise comme un moyen mais comme une fin alors l'espoir en une vie meilleure échouera en permanence. La chirurgie esthétique rend généralement plus beau, mais en aucune manière ne rend plus heureux.

On n'opère pas du bonheur. Il paraît d'ailleurs plus simple d'être jeune que d'être heureux. Lorsque Arlette comprend la différence qu'il y a entre le désir d'être plus à son avantage et le refus de vieillir, elle prend conscience de la nécessité d'appréhender la vie de manière plus juste, telle qu'elle est, avec ses inhérentes difficultés. Les fuir ne résout rien. Cela ne fait qu'accentuer l'ampleur du problème. On ne se bat pas contre le temps, on peut juste l'apprivoiser.

---

1. Jean-Jacques Rousseau, *Julie ou La Nouvelle Héloïse*.

Épilogue

Le sens que l'on donne à l'écoulement de la vie est essentiel à notre propre équilibre. L'accepter revient à revendiquer sa place en son sein en même temps qu'il est le seul moyen de ne pas en être blessé. Le désir de paraître plus jeune doit être pris dans l'optique de continuer à apprécier le rapport de séduction comme simple moyen de plaire. Y voir l'accession à un quelconque bonheur est un leurre ; la crainte de vieillir restera toujours présente à l'esprit de celle ou celui qui veut la combattre par tous les moyens. Si l'on attribue le concept de beauté à celui de jeunesse, ils sont apparentés tous deux à l'expression physique du corps. Le bonheur, quant à lui, est à trouver dans le sens que nous donnons au monde et à la place qu'on s'y octroie.

─────────── **Quelques questions à se poser** ───────────

Y a-t-il un âge à partir duquel vous pouvez vous définir âgé ? Que cela représente-t-il pour vous ? La jeunesse est-elle un gage de bonheur ?

Qu'attendez-vous de votre séduction ?

Qu'entendez-vous par « bonheur » ?

Suis-je ce que mon image est ?

*Bettina ne travaille pas. Elle a de vagues projets professionnels qui semblent ne jamais aboutir. Pleine d'idées et pleine de rêves, elle oscille entre période de bien-être et profonde mélancolie. Elle affirme ne pas être la même lorsqu'elle se trouve en société que lorsqu'elle se retrouve seule face à elle-même. Socialement, elle se voit comme quelqu'un de très communicatif, très à l'écoute et toujours de bon conseil. Cultivée, elle a réponse à tout, un avis sur tout et est appréciée de son entourage. Le problème qui l'amène à consulter est le décalage existant entre ce qu'elle apparaît et ce qu'elle est. Lorsque je lui demande de se décrire, elle me parle d'une personne fragile, s'interrogeant en permanence sur sa vie, sur l'**image** que les autres ont d'elle. Elle a la désagréable impression que son existence est une représentation continue de réflexions pertinentes, d'humour cynique et d'amis dont les problèmes lui sont donnés à résoudre. De fait, elle ne se reconnaît pas au sein d'une unité qui lui serait propre. La sensation de ne pas savoir qui elle est vraiment la pousse à se questionner sur sa réelle identité. Est-elle la personne gaie, altruiste et brillante que les autres perçoivent ou bien la fille inquiète et égocentrique qu'elle est dans l'intimité ?*

Les notions d'« **être** » et d'« **apparence** » sont intrinsèquement liées par le fait que l'être se concrétise dans l'apparence. Si la première exprime le fait d'exister, la seconde est son rapport au monde. Les différentes formes d'expression que prend l'être afin de s'appréhender à autrui lui permettent d'affirmer son existence, de la partager, d'en prendre conscience. Le problème que relate Bettina traduit les rapports complexes qui unissent l'être et son apparence. En effet, la jeune femme expose son questionnement en prononçant les termes de « fond » et de « forme », comme si ses relations sociales n'étaient que forme, en profonde contradiction avec son fond, ce qu'elle est. Toute la difficulté de telles interrogations se trouve dans la détermination du lieu où l'être laisse place à l'apparence. Dans le schéma que Bettina me propose, il est bien question de cela : la définition de ce qu'elle est. Elle pose une dualité, à la façon de **Descartes** qui opposait le corps et l'esprit, entre l'image qu'elle donne d'elle et ce qu'elle pense être « réellement ». Cette dichotomie entre l'être et l'apparence plonge Bettina dans une **culpabilité** due au rejet qu'elle imagine perpétrer à l'encontre d'elle-même. Souhaitant savoir davantage qui elle est vraiment à l'intérieur de ce jeu de miroir, elle décide de se prêter à l'exercice du questionnement philosophique afin de trouver les réponses qu'elle cherche. Connaître la dimension de son existence, savoir identifier le vraisemblable du vrai, ne plus se mentir à elle-même et aux autres. Tel semble être l'objectif que la jeune femme s'est donné.

- Quels sont les rapports entre l'être et l'apparence ?
- Y a-t-il une unité au cœur de mes diverses facettes ?
- Suis-je un ou multiple ?

Quels sont les rapports entre l'être et l'apparence ?

Une corrélation indispensable

Nous pourrions définir l'être comme ce qui est, en opposition à ce qui n'est pas. Voudrions-nous imaginer le néant que nous ne le pourrions pas car toute pensée se porte sur quelque chose empreint d'être.

L'apparence en revanche est l'expression par laquelle l'être se fait connaître. Par exemple, l'enfant prend conscience de son existence lorsqu'il voit son reflet dans le miroir. Par cette apparence, il déduit son existence.

La vision conceptuelle que j'ai du monde se fait par les formes que j'en perçois. Sans cette perception d'images extérieures, je ne peux avoir conscience de l'existence des choses.

Par extension, l'être se devine intellectuellement tandis que l'apparence fait appel à nos cinq sens. Si je sais, par exemple, que la tristesse existe, ça n'est que par la perception que j'ai de personnes apparemment tristes. La vie d'un être humain, jonchée d'expériences diverses et nouvelles, permet au fil du temps d'être en plus grande possession d'une palette conceptuelle. Plus je perçois des choses, plus j'apprends qu'elles existent.

La corrélation entre l'être et l'apparence est ici essentielle à la compréhension de l'existence. Sans les attributs qui habillent l'être, point de connaissance possible de ce dernier.

L'être est multiple

Par là, l'être peut revêtir des définitions aussi différentes que variées selon qui l'observe. Il y a une interaction entre l'apparence que revêt l'être et l'individu à qui il apparaît.

L'apparence ici ne peut donc être la même pour tous. Quand bien même nous serions tous témoins d'un même fait, la **perception** que nous en aurions serait différente, ceci expliquant les divergences d'opinions qui nous animent tous.

Le problème que rencontre Bettina se trouve à cette intersection entre multiplicité des apparences et recherche de l'être unique, absolument objectif, c'est-à-dire dont l'essence ne dépendrait en aucune manière de la **contingence** naturelle. C'est ce qu'elle exprime clairement dans son discours.

– *« Je voudrais savoir qui je suis exactement.*
– *Ce que vous êtes ?*

— *Oui. J'ai l'impression d'être plusieurs personnages à la fois et j'ai du mal à savoir qui je suis…*
— *Ces personnages dont vous me parlez, existent-ils ?*
— *Comment ça ?*
— *Si vous pensez qu'ils ne sont pas vous et que vous existez, existent-ils, eux ?*
— *Oui, mais c'est justement là que le bât blesse. Je peux être la fille affable, altruiste quand je suis avec des amis et dès que je me retrouve seule je suis plus angoissée. En fait, en société je suis en représentation…*
— *Et qui représentez-vous ?*
— *Moi… enfin je crois.*
— *Serait-il possible de représenter autre chose que soi ?*
— *Les acteurs le font bien ! Ils rentrent dans la peau d'un personnage…*
— *Comme vous lorsque vous êtes avec vos amis ? »*

L'être qui apparaît

Il y a dans le discours de Bettina une volonté de réduire son être à une entité immuable, quelque chose qui serait inaltérable et insensible au mouvement, qu'il soit spatial ou temporel. Les diverses apparences qu'elle revêt en fonction des circonstances l'éloigneraient de ce qu'elle est. Dans cette quête de vérité ontologique, l'apparence n'a pas lieu d'être. Elle ne ferait que tromper la vérité, la masquant derrière tous ses artifices.

Dans le livre VII de *La République*, **Platon** nous relate le mythe de la caverne. Les hommes sont faits prisonniers d'une caverne par de petits démons qui, par un jeu d'ombres chinoises, leur masquent la vérité. Un des prisonniers réussit à se hisser hors de la caverne. Dans un premier temps il est ébloui par la lumière du soleil. Puis, peu à peu, ses yeux s'habituent et il voit toutes les choses qui l'entourent et enfin, le soleil lui-même : la vérité. En se débarrassant des apparences et des artifices, l'individu apprend à regarder la vérité en face et à appréhender plus justement ce qu'il est.

Vouloir restreindre les personnages circonstanciels que nous jouons tous à une seule personne apparaît contradictoire avec la réalité existentielle de nos vies car l'enrichissement que nous procure l'expérience est à même de changer ce que nous sommes. Les échanges sociaux auxquels nous sommes tous confrontés nous font évoluer.

Vouloir identifier un personnage plus juste que les autres, c'est le renfermer dans une **immobilité** qui le rendrait imperméable à toute expérience. Désireuse de reconnaître en elle ce qu'elle est vraiment, Bettina se confronte à un exercice en dehors de toute réalité. À vouloir découvrir quel est son « vrai soi », elle en oublie son « soi réel ». Cela revient à vouloir réduire l'être vivant à un être non vivant.

La question de Bettina ne conduit-elle pas à définir l'être au-delà de tout changement, de toute vie ? Le désir d'une telle recherche ne pourrait-il pas entraîner la personne humaine au cœur d'une impossible évolution ?

Différencier l'être et l'étant

L'existentialisme

Sartre défend l'idée que l'homme se définit lui-même par le sens qu'il se donne. En ce sens, il se détermine par son action et se montre tel qu'il existe.

Pour l'existentialisme, quand l'homme apparaît au monde, il n'est rien. Lorsqu'il affirme sa subjectivité, il devient par les projets qu'il anime. C'est en entrant dans l'action qu'il affirme son existence.

Rien pour le philosophe du XXe siècle ne serait donc en mesure de rendre l'être humain statique et prisonnier de lui-même. Par l'acte qu'il perpétue, il devient. Rien n'est déterminé et le changement par l'implication de l'homme dans le monde lui permet à chaque fois d'être différent. Ainsi, un lâche peut devenir courageux s'il implique son être dans une action symbolisant le courage.

Le problème que se pose Bettina n'a donc pour **Sartre** aucun sens ; car le sens est déterminé par le sujet et vouloir le trouver ailleurs que dans ce que l'on veut en faire est peine perdue. De ce fait l'humain est libre d'être ce qu'il souhaite.

– « *Si je vous demande à laquelle de ces deux personnes vous ressemblez le plus : la gaie ou l'inquiète ?*
– *Je dirais l'inquiète.*
– *Pourquoi ?*
– *Parce que dans ces moments-là je suis seule avec moi-même.*
– *Quelles sont les raisons de votre inquiétude ?*
– *Tout et n'importe quoi ! Les gens que j'aime, la recherche d'un emploi, tout !*
– *C'est donc sur votre rapport au monde que se fondent vos inquiétudes.*
– *Oui.*
– *Que le monde se présente à vous physiquement ou abstraitement, il est toujours là et c'est en fonction de lui que vous vous déterminez…*
– *Sans doute…* »

L'illusion d'un être transcendant

Rechercher son être au-delà de toute apparence – c'est-à-dire de toute relation sociale qui le fait s'exprimer et affirmer son existence – s'avère impossible puisque l'être devient par l'action qu'il produit.

Par là, l'être de Bettina ne peut se soustraire à ce qu'il apparaît ; ses différentes facettes constituent son être même. La relation intrinsèque qui unit l'être à l'apparence est en ce point essentielle à la construction de l'humain. Sans cette réciprocité, il est impossible à la personne humaine d'exister. En effet, si l'être était indépendant de l'étant (de l'apparence), il n'aurait pas la nécessité de s'exprimer. C'est par l'intermédiaire de l'apparence que se révéle l'être. En quelque sorte le fond est donné par la forme.

On tombe alors dans le concept non plus d'être mais d'âme comme irréductible à une quelconque évolution et imperméable à toute expérience extérieure. Dans ces conditions-là, comment expliquer les différences entre les différents êtres que nous sommes ? Car si effectivement l'être que nous sommes tous est dissociable de ce que nous apparaissons à autrui ainsi qu'à nous-même, il devrait être identique chez tous car imperméable à toute influence extérieure, y compris à notre propre histoire. Quel serait donc cet être ?

On en revient alors au **dualisme cartésien**, à la séparation entre le corps et l'âme. Thèse réfutée par la découverte **freudienne de l'inconscient** expliquant l'origine de certains symptômes physiques par ce que nous avons de plus enfoui ; en ce sens, la corrélation entre l'être et son apparence est manifeste par les rapports visibles de l'un et l'autre.

L'homme, condamné à être libre

Néanmoins les questions que Bettina se pose sont davantage liées à la peur d'être multiple. En effet, les nombreuses facettes sous lesquelles il nous est possible d'apparaître, nous renvoient à un si large éventail de possibles que cette perspective génère de l'angoisse.

En revanche, un tel choix nécessite une prise de responsabilités qui sort chacun de la victimisation.

Choisir c'est par extension devenir adulte, au sens décisionnel du terme : prendre des décisions et les assumer. La peur de ce qui pourrait être interprété comme un échec est toujours présente à l'esprit. C'est dans ce contexte que Bettina relate la sensation de vide qu'elle ressent face à l'être multiple qu'elle est et qui se manifeste par les nombreuses facettes de sa personnalité.

— « *Mais alors, je suis qui ?*
— *Je vous le demande…*
— *Je suis plusieurs ?*
— *Plusieurs quoi ?*
— *Plusieurs manières d'être.*
— *Et ?*
— *Et ça fait bizarre…*
— *De quoi ?*
— *D'être aussi libre.* »

La notion de liberté est ici essentielle. Si les apparences par lesquelles l'être s'exprime sont à même de le définir, il ne peut qu'avoir la possibilité d'être ce qu'il veut. L'être étant ce qu'il choisit, la palette de sa définition ontologique est aussi variée que ce qu'il souhaite. La responsabilité à laquelle il est confronté est le prix à payer pour sa liberté.

Épilogue

La volonté de Bettina dans son dessein de savoir qui elle est vraiment, au-delà de toute apparence, la pousse à entrevoir le rapport intrinsèque entre l'être et ce qu'il apparaît. Par là, elle découvre également la liberté à laquelle elle est confrontée en tant que personne sociale et la notion de responsabilité à laquelle elle ne peut se soustraire. Condamné à être libre, l'être humain n'a pas d'autre choix que de se positionner à différents niveaux afin d'exister. Sans cette intrusion dans le monde, nulle société humaine ne serait possible. Si l'« être humain » ne devient pas « étant humain » par sa participation sociale, il perd par là même toute son épaisseur ontologique et cesse d'exister en tant qu'homme. N'étant pas sujet, il reste objet. C'est au cœur des relations sociales que se crée l'être de Bettina. Apparaître sous des personnages différents selon le contexte est une formidable adaptation au milieu.

Suis-je ce que mon image est ?

Quelques questions à se poser

Êtes-vous toujours le/la même ?

Pouvez-vous exister sans les autres ?

Vous est-il déjà arrivé de changer d'avis sur quelque chose ?
Vous sentez-vous libre de changer ?

Suis-je frivole ?

Morgane est d'après ses propos une « fashion victim », une victime de la mode. L'image qu'elle renvoie aux autres lui paraît essentielle à son **équilibre**. *Choisir les accessoires qui mettront son corps en valeur est un plaisir qui ne la quitte jamais. Elle veut plaire et s'en donne les moyens. Pas une journée où ne fusent des compliments sur son apparence. La précision de ses choix vestimentaires lui permet non seulement de mettre sa silhouette en valeur, mais aussi d'être parfaitement dans la tendance. Le problème qui l'a conduite jusqu'à la consultation philosophique est lié à la culpabilité qu'elle éprouve parfois envers autant de « frivolité » dira-t-elle. Consciente de son pouvoir de* **séduction**, *Morgane a parfois le sentiment de n'apparaître qu'en tant que jolie figurine de mode et d'atteindre par là les limites de la beauté corporelle. S'interrogeant sur la nature de l'attention qu'elle porte à son image, elle définit son comportement comme frivole et s'inquiète du manque de « profondeur » que les autres peuvent percevoir.*

« *La mode est ce qui se démode* », clamait Coco Chanel. La fugacité inhérente à la mode la rend inconstante dans ses formes mais pas en son fond. Dans *Zadig*, **Voltaire** écrivait que quiconque quitte Paris pendant six mois ne peut plus à son retour retrouver la mode alors en vigueur tant elle change rapidement. Mais la mode est un concept, pas une réalité. Penser y accéder revient déjà à ne pas l'atteindre tant elle est changeante et ne peut rester figée sur ses acquis. Elle renvoie à l'importance de l'image et à l'impact qu'elle génère dans la manière que l'on a d'être vu. L'attention portée aux vêtements, à la façon de se préparer représente un ensemble complexe de codes destinés à situer l'être dans une société donnée.

L'individu s'impose par ce qu'il apparaît. Il donne de lui l'image qu'il souhaite et sera jugé en fonction des codes en vigueur, sous réserve que ceux qui le jugent aient une certaine connaissance de ces codes. Il doit en effet exister entre les personnes se jugeant une même appréhension signifiante des codes vestimentaires. Sans cela, aucun impact ne serait alors possible. Le fait que Morgane manie avec dextérité le langage actuel de l'apparence la plonge dans une impression de n'être plus que ça. Bien qu'elle sache ne pas se limiter aux seuls accessoires qu'elle porte, elle se pose toutefois la question de la frivolité.

- Quelle est l'importance de l'apparence ?
- Qu'est-ce que la frivolité ?
- Est-il possible de passer outre les codes vestimentaires en vigueur ?
- Quelles sont leurs places à l'intérieur du tissu social ?

Quelle est l'importance de l'apparence ?

La force symbolique du vêtement

Les codes de l'apparence dont nous nous servons permettent en premier lieu d'identifier ce que nous sommes socialement. En ce sens, le vêtement et la manière de le porter sont une forme de langage qui traduit un état d'esprit, une humeur, une situation sociale, une éventuelle revendication.

Tandis que le corps nous est donné génétiquement, le vêtement quant à lui revêt une expression personnelle. Que ce soit la mariée, le clubber, le bobo ou la jeune fille en fleur, tous ont leur particularisme vestimentaire qui traduit ce qu'ils sont ou ce qu'ils voudraient être. La force symbolique de ce particularisme entraîne une appartenance à un groupe facilement identifiable et une volonté d'y être identifié afin d'être reconnu en tant que tel.

— « Que représentent pour vous les vêtements que vous portez ?
— Le fait de me sentir belle.
— Belle selon quels critères ?
— Les critères que je vois dans les magazines.
— Que symbolisent-ils pour vous ?
— L'élégance, le raffinement, la féminité…
— Pensez-vous correspondre à cette image-là ?
— J'espère… En tout cas, je fais tout pour. »

Partager ou non des valeurs

Morgane ne pourra correspondre à l'image qu'elle a de la féminité et de l'élégance que dans un cadre socialisant. L'autre lui est nécessaire pour s'apparaître ainsi. Cette interaction nécessaire à toute forme d'expression donne au vêtement une valeur communicante ainsi qu'une dimension sociale.

En effet, afficher une apparence quelle qu'elle soit est une affirmation de soi et une acceptation des risques que cela implique. En exposant à autrui ce que je suis, je lui livre un message susceptible de lui plaire ou au contraire de ne pas correspondre aux valeurs qui sont les siennes.

Je m'inscris d'emblée dans la société par l'**affirmation** vestimentaire qui me représente. Et le lien qui existe entre la personne et la manière dont elle apparaît génère ainsi une forme d'exclusion à l'égard de ce qui ne correspond pas à son apparence.

L'expression symbolique de la féminité selon les critères de Morgane – ou plutôt de la société à l'intérieur de laquelle elle évolue – traduit l'adhésion qu'elle a à tel type de féminité et, par extension, sa volonté de ne pas s'habiller autrement.

Il y a dans le vêtement une force unitaire ou au contraire divisante car il véhicule des valeurs dans lesquelles autrui peut ou non se reconnaître. Le partage de ses valeurs est un moyen de reconnaissance.

Situer l'autre, le reconnaître

Par le soin minutieux avec lequel elle habille son corps, Morgane participe activement à l'engagement social ; elle affirme certaines valeurs. Le concept de reconnaissance tient ici un rôle essentiel.

Les membres d'une même société sont imbriqués entre eux par le partage de valeurs communes mais pas nécessairement partagées. Chaque société ne peut être humaine que par une reconnaissance mutuelle de ses membres. Reconnaissance culturelle, économique, religieuse, politique, esthétique, etc.

Le vêtement joue un rôle important dans ce concept de reconnaissance. La personne a besoin de savoir qui est autrui afin de pouvoir déterminer le comportement à adopter avec lui. Étant habitués à tous ces codes vestimentaires, la reconnaissance est immédiate et ne demande aucun effort. Je reconnais aussi bien une religieuse qu'une adolescente branchée au premier regard, sans qu'elles se soient présentées.

Sans aller dans des expressions vestimentaires aussi extrêmes, les nuances sont nombreuses et leur rôle social tout autant significatif.

— *« Quelle est l'image que vous pensez donner de vous ?*
— *Je ne sais pas… Celle d'une jeune femme sophistiquée.*
— *Est-ce juste ?*
— *Oui.*
— *Est-ce pour vous une image positive ?*
— *Aussi.*
— *Pourquoi ?*
— *Parce que je n'aimerais pas paraître négligée…*
— *Serait-ce une forme de respect envers vous-même ?*
— *Oui.*
— *En ce sens, pourriez-vous qualifier ce respect de frivole ?*
— *Euh… non. »*

Partant du constat que le fait de se préparer vestimentairement est l'expression de codes sociaux, une manière de communiquer aux autres ce que nous sommes, se peut-il qu'un tel langage soit taxé de frivole ? Qu'est-ce que la frivolité alors et surtout à partir de quand le devient-on ?

Qu'est-ce que la frivolité ?

S'estimer frivole par impuissance

Le concept de frivolité est ici au cœur des questions que se pose Morgane quant à son comportement face à l'esthétisation de son apparence. On taxe généralement de frivole une personne peu touchée par les problèmes du monde et qui s'évertue à ne connaître que les plaisirs sans grandes conséquences pour la société. En ce sens, la frivolité serait rattachée à une attitude peu soucieuse du reste du monde.

Attacher une grande importance comme le fait Morgane à son apparence peut ainsi être qualifié de frivole quand les trois quarts de la planète vivent en-dessous du seuil de pauvreté, que des petites filles travaillent dans des usines douze heures par jour et que, dans nos villes, des hommes et des femmes dorment dans la rue. Lorsque la jeune fille parle de frivolité, elle ramène à la surface de son discours le peu d'importance qu'a l'apparence face aux différents problèmes planétaires.

— *« Je suis d'accord avec vous quant au fait que je me respecte mais lorsque je vois ce qui se passe dans le monde, je me dis que je suis frivole dans l'importance que j'attache à mon apparence.*
— *Culpabilisez-vous ?*
— *Un peu...*
— *Que faites-vous pour déculpabiliser ?*
— *Pas grand-chose... Mais que puis-je faire ?*
— *C'est à vous de voir, mais pensez-vous que moins faire attention à vous vous entraînerait dans un quelconque engagement ?*
— *Je ne pense pas.*
— *Pourquoi ?*

– *Parce qu'à part voter, je ne vois pas ce que je pourrais faire d'autre pour m'engager.*
– *Ce ne serait donc pas votre propension à vous vêtir qui serait à la base de votre culpabilité ?*
– *Non…*
– *Ce serait donc quoi ?*
– *Mon sentiment d'impuissance.*
– *Serait-ce donc votre impuissance qui serait interprétée comme de la frivolité ou l'inverse ?*
– *Je pense que mon impuissance me fait imaginer frivole…*
– *Peut-on être frivole dès lors que l'on s'interroge sur la question de l'être ?*
– *Je ne crois pas…*
– *Pourquoi ?*
– *Parce que mon questionnement ne l'est pas.* »

L'apparence comme liberté

La frivolité comprise comme la capacité à ne vivre que de plaisirs futiles peut-elle subsister si elle est pensée ?

La frivolité est plus à comprendre en tant qu'insouciance du lendemain plutôt qu'actualisation du plaisir, quel qu'il soit. Elle est un oubli des difficultés de l'existence et par extension de la personne comme membre social. Le frivole s'apparente à un être que l'avenir de la communauté à laquelle il appartient n'intéresse pas.

C'est une **désocialisation**, un désintérêt de tout ce qui ne sert pas au bien-être de la personne. La conceptualisation du groupe est ici essentielle dans la définition de la frivolité. Dans ce cadre, l'individu n'a plus conscience du rapport qu'il y a entre l'humain et la société qui l'humanise.

Le fait que Morgane puisse se vêtir à son gré dénote pour qui sait l'entendre la possibilité sociale d'une liberté d'apparaître. La relation au groupe peut aussi se faire par ce biais-là. Savoir que je suis libre de m'habiller de la manière qui me convient le plus génère une réflexion sur la communauté dans laquelle j'évolue.

Pour **Platon**, dans *Le Banquet*, la contemplation de la beauté physique est le premier pas vers la beauté des Idées. Pour l'élève de **Socrate** et le maître d'**Aristote**, l'homme travaille à donner une forme à ce qu'il est. Le contenu épouse de lui-même la forme. En ses termes, l'apparence manifeste l'âme.

Jouir de cette liberté-là ne peut être interprété de frivole car cette liberté n'empêche pas la conscience d'en réaliser la précarité. Le but du politique comme l'affirmait Platon est le bien-être du peuple. Quelle que soit la forme que ce bien-être prend, il ne peut être qualifié de frivole par le fait que la liberté acquise ne peut jamais vivre sur ses acquis.

La précarité du bien-être présuppose une réflexion sur les moyens de le faire perdurer. En ce sens, profiter des plaisirs qui nous sont socialement offerts est un signe de bien-être communautaire. S'illusionner sur l'indépendance que présuppose la frivolité se trouve ainsi aux antipodes du réalisme social.

Épilogue

Les questions soulevées par Morgane ne peuvent en aucun cas s'assimiler à un désintérêt social. Le fait qu'elle porte un soin particulier à son apparence lui fait prendre conscience du privilège qu'elle a de pouvoir évoluer au sein d'une société lui en donnant les moyens. Être conscient de la précarité des possibilités d'engendrer certains plaisirs est déjà en soi une réflexion politique au premier sens du terme, c'est-à-dire sur le fonctionnement de la cité et, par extension, sur la vie en groupe. Être humain, c'est avant tout être social. Par là, qui ne pense pas ses intérêts et ses privilèges en fonction d'autrui se désocialise en se désinvestissant de son rôle politique. Ainsi, en prenant conscience de la possibilité sociale dont elle bénéficie afin de pouvoir laisser libre cours à son imagination vestimentaire, Morgane ne peut se qualifier de personne frivole.

La philo-thérapie

──────── Quelques questions à se poser ────────

Accordez-vous une grande importance à votre apparence et à quoi cela vous renvoit-il ?

Le soin que vous portez à votre apparence est-il l'unique chose qui vous préoccupe ?

En général, qu'est-ce qui vous fait culpabiliser ?

III.

La famille

Doit-on s'aimer en famille ?

Alexandra est submergée par la culpabilité lorsqu'elle entre dans mon cabinet pour m'exposer les difficultés qu'elle traverse. Elle se sent coupable du peu d'affinités qu'elle a avec sa famille. Élevée dans le respect des autres, elle s'en veut de s'ennuyer lors de réunions familiales, et surtout de n'éprouver aucune forme d'amour pour certains membres de sa famille, leur préférant même son chat... La réflexion qu'elle voudrait appréhender concerne ainsi le devoir d'amour en famille. Elle aimerait trouver une réponse claire à toutes les questions qu'elle se pose sur son implication feinte à l'égard de sa famille. Est-ce normal de ne ressentir aucun élan affectif pour ceux avec qui on a grandi ? L'amour envers les membres de sa famille ne devrait-il pas être naturel ? Ne pas les aimer, est-ce être quelqu'un de mauvais ? Alexandra pose ces questions avec une réelle inquiétude, plus pour la vision qu'elle a d'elle-même que pour ceux envers qui son affection défaille... Prise entre culpabilité et volonté de s'accepter, Alexandra traduit une réelle motivation à s'interroger sans interdit à la lumière du questionnement philosophique.

Cellule plus ou moins sécurisante selon les histoires diverses qui la composent, la famille apparaît comme une entité à l'intérieur de laquelle des personnes se reconnaissent comme appartenant au même groupe. Le partage d'une vie en commun et d'une histoire particulière génère un attachement affectif ainsi qu'un sentiment de proximité entre les membres d'une même famille. À plus grande échelle, c'est le partage d'une culture identique qui permet à un peuple de se reconnaître en tant que différent des autres, lui permettant ainsi d'acquérir sa propre définition. L'affiliation familiale est sans doute la première forme de **solidarité** qui s'exprime le plus explicitement. Il y a un siècle encore, la cellule familiale représentait un lieu de sécurité dans lequel la précarité de la vie trouvait un réconfort au sein de relations d'entraide. Aujourd'hui, les familles décomposées sont de plus en plus nombreuses. L'augmentation du niveau de vie fait accéder les individus à plus d'indépendance et à des possibilités d'épanouissement que les générations précédentes n'avaient pas. À l'abri, pour beaucoup d'entre nous, des besoins matériels, nous avons moins besoin de la sécurité offerte par la famille. La nécessité d'être protégé par les siens étant moins prégnante, il apparaît évident que les cellules familiales se réduisent davantage, entraînant parfois une perdition de l'affection familiale.

- Qu'est-ce que la famille et que m'apporte-t-elle ?
- Peut-on s'obliger à l'aimer ?
- Peut-on moralement légitimer son manque d'amour ?
- Puis-je respecter sans aimer ?

Qu'est-ce que la famille et que m'apporte-t-elle ?

En son sein, je crée mon identité

La famille s'entend au sens biologique comme un groupe d'individus partageant la même cosanguinité. Au sein de ce partage biologique se construisent des liens sociaux permettant à chacun de prendre sa place au sein du groupe. Nous revêtons tous différentes fonctions à l'intérieur du groupe. Nous sommes à la fois « enfant de… », « cousin de… », « neveu de… ».

Cette myriade de statuts tisse un ensemble complexe de relations où l'enfant va apprendre qui il est. Cette mini-société qu'est la famille est un premier contact avec la diversité sociale que le futur adulte sera amené à fréquenter. En ce sens, la famille est un avant-goût social qui aide l'enfant à appréhender les réseaux de communication en fonction de l'autre et de ce qu'il représente.

La famille joue ici un rôle essentiel dans le développement de l'enfant ; elle lui enseigne le maniement du comportement ainsi que les différentes définitions qu'il pourra avoir de lui. L'**interaction** ne peut se faire que lorsque l'individu se définit lui-même en fonction de la définition qu'il a d'autrui.

Sans cette réciprocité identitaire, point d'échange possible par le fait même qu'établir un moyen de communication avec l'autre demande au préalable que l'on ait jugé qui il était. En ce point, la famille est le lieu où se fait l'appréhension sociale. Alexandra corrobore ce fait dans les premiers instants de la discussion.

– *« Je sais bien que c'est grâce à ma famille que je suis ce que je suis aujourd'hui…*
– *Et vous êtes qui ?*
– *Ben, la fille de mes parents, la cousine de mes cousins, la nièce de mes oncles… tout ça quoi ! »*

La famille me protège du dehors

L'aspect protecteur que revêt la famille est aussi essentiel pour l'enfant qui y grandit. La famille est ce qui le rassure et le protège du danger. En son centre, il peut se développer sans risque. La famille s'entend ici comme un gage d'assurance envers les difficultés de l'existence.

Le groupe familial rassure par son élan protecteur envers les siens. Chez tous les mammifères, les enfants sont protégés car ils représentent la pérennité de l'espèce. Les hommes ne font pas défaut à cette règle biologique. La descendance est essentielle aux vivants s'ils ne veulent pas s'éteindre.

Pour **Hegel**, l'unité familiale se construit autour du sentiment d'amour. Pour le philosophe allemand, la personne ne se définit familialement qu'en tant que membre attaché à d'autres membres d'une même famille. En ce sens, il y a une dimension naturelle d'appartenance immédiate à la cellule familiale.

Hegel y oppose d'ailleurs l'appartenance de la personne à un État, en ce qu'elle y est rattachée indépendamment des autres.

En protégeant les siens, on se protège soi-même. Ce que l'on donne n'est jamais sans visée de retour. Le rapport implicite existant entre les membres d'un même groupe familial se définit avant tout par un élan solidaire à l'égard d'eux-mêmes. Si la famille n'est pas présente en cas de besoin, qui le pourrait ?

Ces personnes partageant un même vécu créent des mini-sociétés à l'intérieur de la société. Si le citoyen est protégé par l'État, l'individu l'est par sa famille, c'est-à-dire par ceux qui l'ont aidé à grandir selon leurs propres valeurs.

Cette transmission est essentielle à la reconnaissance que l'individu aura de lui en tant qu'appartenant au groupe familial. C'est avant tout par ce partage de richesses théoriques que sont les valeurs transmises, que la structure familiale se construit et se solidifie.

— *« Que représente la famille pour vous ?*
— *Des personnes avec qui j'ai le même passé.*
— *Comment se traduit-il ?*
— *Ce passé ? Dans mon présent ?*
— *Oui.*
— *Je ne sais pas… Peut-être le fait d'avoir des grands-parents en commun permet de s'identifier à leur histoire ou en tout cas de ne pouvoir la partager qu'avec mes sœurs ou mes cousins ?*
— *Que représente ce partage pour vous ?*
— *Peut-être que j'ai l'impression d'être moins seule…*
— *C'est-à-dire ?*
— *Avoir un passé en commun crée des affinités et ces affinités permettent d'avoir quelque part une identité commune. Et donc, ça rassure ! »*

La famille me nourrit d'amour

Cette proximité culturelle dans laquelle s'identifient les membres d'une même famille résonne comme un attachement des uns aux autres. Le sentiment **affectif** généré par cette seule proximité s'entend sur trois plans :

- Le premier est la reconnaissance de l'autre comme faisant partie de moi par le seul fait que nous partagions le même sang et/ou la même éducation au travers de valeurs transmises.
- Le second est l'empathie que procure la proximité familiale. Être amené à rencontrer les mêmes individus crée des liens dans lesquels on se reconnaît. À chaque événement cérémonial (mariage, Noël, baptême, deuil…), la famille se réunit autour de ce qu'elle partage : l'intérêt des siens.
- Enfin, le troisième est la croyance dans laquelle nous baignons tous et qui consiste à porter la famille comme plus importante que tout, car elle est la seule qui pourrait nous soutenir en cas de besoin. Alexandra soulève d'ailleurs ce point précis lors de la consultation philosophique.

— *« Et puis la famille, c'est sacré !, ajoute-t-elle, on est censé se serrer les coudes en cas de besoin, non ?…*
— *Pourquoi "censé" ?*
— *Parce qu'on se connaît depuis toujours et qu'on se connaît bien…*
— *Quelle connaissance en avez-vous ?*
— *Je les connais tous très bien !*
— *Les connaissez-vous dans leur différence ?*
— *Évidemment !*
— *Y aurait-il donc des membres desquels vous vous sentez plus proche ?*
— *Oui… pourquoi ?*
— *Votre relation affective diffère-t-elle selon vers qui elle est tournée ?*
— *Oui… et c'est justement ça qui me fait culpabiliser ! »*

L'évolution de la société fait qu'aujourd'hui les personnes sont davantage indépendantes qu'il y a encore quelques décennies. Cette augmentation du niveau de vie rend la protection que procure la cellule familiale moins nécessaire. L'attachement que nos parents avaient envers elle tend à s'effilocher au profit d'une ouverture due à tous les moyens qui sont en notre possession pour rencontrer des personnes plus proches de nous que ne le sont des membres de notre propre famille.

— *« Pourquoi culpabilisez-vous ?*
— *Parce que je devrais tous les aimer en principe. Ou du moins, ne pas me rendre aux fêtes familiales à reculons.*
— *Vous employez le verbe "devoir". Devoir envers qui ?*
— *Envers ma famille.*
— *Devoir et amour sont-ils compatibles ?*
— *Non.*
— *Pourquoi ?*
— *Parce que le devoir vient de la volonté alors qu'aimer quelqu'un vient naturellement, sans se forcer… »*

Comment arriver à concilier le devoir qu'Alexandra pense avoir envers sa famille et l'amour qu'elle ne lui porte pas dans son intégralité ? La protection que la famille suscite ne peut-elle pas se trouver ailleurs qu'en son sein ?

Puis-je respecter sans aimer ?

Dissocier la famille de ses membres

Alexandra soulève ici un point très important dans l'analyse de sa culpabilité. En effet, elle développe une définition de l'amour qui lui apparaît être en contradiction avec la notion de devoir. Prise entre l'**idéalisation** de sa cellule familiale et la réalité affective dont elle est l'auteur, elle ne sait comment trouver une solution à son problème.

La dissociation entre le concept de famille et les membres qui la composent est essentielle à la compréhension de sa culpabilité. La possibilité d'éprouver un attachement affectif au concept de famille, en ce qu'il permet une sécurité, imaginaire ou pas, est légitime mais ne permet cependant pas d'en aimer ses membres.

Les relations affectives d'humain à humain se font ailleurs que dans les concepts. Les liens que l'on tisse trouvent leur origine dans la reconnaissance qu'autrui suscite en moi. La facilité que nous avons à nous rencontrer aujourd'hui, que ce soit par le travail, les sorties, les amis, est plus propice qu'hier aux échanges sociaux.

Dans ce cadre-là, la découverte d'autrui en tant qu'un autre moi-même est de plus en plus privilégiée par la société actuelle. La relation familiale au sens de structure affective rassurante et protectrice peut se retrouver ailleurs, dans des rencontres propices à l'échange protecteur.

— *« Vous ne pouvez donc pas vous obliger par devoir à aimer certains membres de votre famille ?*
— *Non, mais je les aime quand même parce qu'ils font partie de ma famille...*
— *Serait-ce donc la famille que vous aimeriez ?*
— *Oui, c'est ça ! J'aime ma famille mais pas tous les membres de ma famille. C'est possible ?*
— *Je vous le demande...*
— *Ben... oui. »*

La famille en tant qu'entité

Le sens qu'exprime Alexandra de la famille se traduit en termes d'entité, c'est-à-dire en tant qu'unité dont on se sent faire partie. On peut ici établir un parallèle avec la relation amoureuse. Il est possible d'aimer une personne sans pour autant aimer tout d'elle. On peut également aimer la vie sans apprécier pour autant les multiples malheurs que l'on trouve en chemin...

Par là, l'amour de sa famille est indépendant de ses membres. Des représentations de la famille que l'on a en fonction de sa propre histoire découle un attachement plus ou moins fort à son égard.

En revanche, les relations affectives entretenues avec certains de ses membres ne sont pas à chercher dans l'appartenance au même groupe familial mais bien plutôt dans les affinités que les hommes sont capables de créer entre eux. Nous glissons ici sur un autre terrain, celui des relations **sociales**.

La famille ne représente qu'une condition, sans doute plus propice qu'une autre, au rapprochement entre individus de par la proximité qu'elle génère. Ce qui implique d'entrevoir une différence entre un amour familial et une amitié non plus de nature mais de degré.

La famille choisie

Si, effectivement, la famille, par la multiplication d'occasions qu'elle propose afin de réunir ses membres permet davantage à la personne de s'inclure dans un univers particulier et de s'y reconnaître, elle peut parallèlement se recomposer ailleurs sans qu'aucune cosanguinité ne réunisse ses nouveaux membres.

Prenons l'exemple d'un couple stérile qui décide d'adopter un enfant. Ils n'ont aucune sanguinité en commun et développent pourtant un amour familial, c'est-à-dire bienveillant, protecteur.

On humanise le concept de famille en le détachant de son aspect purement biologique pour une vision plus aimante ; on en choisit les membres par affinité et non plus par obligation naturelle.

Épilogue

La culpabilité que vit Alexandra vis-à-vis de sa famille n'a plus lieu d'être si elle appréhende ses relations familiales en dehors de toute filiation biologique. S'il y a obligation familiale, ça ne peut être que par respect des repères qu'elle génère pour l'individu qui se sent faire partie d'un groupe bien défini. Au-delà, aucune nécessité vitale ne pouvant amener à la fréquentation de tel groupe, la personne est libre de choisir ses fréquentations… Elle est seule responsable de son comportement. Face à ce qui peut parfois apparaître comme un devoir d'aimer, l'absence de culpabilité permet de restituer la notion de famille au sein d'un espace où la personne est plus essentielle que son code génétique.

─────────────── Quelques questions à se poser ───────────────

Qu'entendez-vous par la notion de famille et que vous apporte-t-elle ?

Quelles sont les personnes que vous ressentez comme étant votre famille et pourquoi ?

Suis-je un bon parent ?

*Sandrine est une jeune mère de deux enfants âgés de 5 et 9 ans. Son époux est amené à s'absenter régulièrement pour son activité professionnelle. Elle se retrouve donc la plupart du temps seule à la maison à devoir gérer les problèmes du quotidien. Souvent confrontée aux caprices de ses enfants qui font naître chez elle un sentiment d'impuissance, elle s'interroge sur la **légitimité** de critères pouvant qualifier un parent de bon ou de mauvais. Ne sachant plus quelle méthode employer face aux caractères difficiles de ses enfants, elle **culpabilise** si elle ne répond pas à leurs attentes et culpabilise davantage de céder à leurs caprices. Se débattant de son mieux dans son rôle de mère, elle doute sérieusement de ses qualités d'éducatrice. Sandrine différencie en effet l'amour qu'elle donne à ses enfants et les règles de vie qu'elle est censée leur inculquer.*

Le concept de parent, au-delà de l'aspect purement génétique, semble lié à la notion d'**éducation**. Le parent est celui qui va transmettre à l'enfant les connaissances dont il a besoin pour s'humaniser, c'est-à-dire s'inscrire socialement dans le monde. Éduquer un enfant, c'est former le futur adulte qu'il sera. C'est l'insérer culturellement dans un univers qu'il appréhendera d'autant mieux qu'on lui en aura enseigné le fonctionnement. En ce sens, la qualité du parent peut trouver comme critère l'aisance avec laquelle l'enfant, devenu adulte, s'épanouira dans une société dont on lui aura appris les règles. Pourtant, il existe bien des complications dans ce qu'on entend par éducation. La manière dont on transmet à l'enfant les armes qui lui seront nécessaires est toute relative aux parents. Eux seuls sont décisionnaires de ce qu'ils souhaitent transmettre. Les limites de l'éducation sont à ce stade sous-jacentes. En effet, on a du mal à déterminer quelle est la place laissée à l'épanouissement personnel de l'enfant et à ses attentes. Autant de questions qui souvent plongent les parents dans une incertitude face à leur méthode éducative.

- Qu'est-ce qu'être parent ?
- Le bon parent existe-t-il ?
- Quelle différence entre former et formater ?
- Quelles valeurs transmettre ?

Qu'est-ce qu'être parent ?

Aimer son enfant

L'élan amoureux est la pierre fondatrice de l'équilibre affectif de l'enfant. Il s'entend comme essentiel à son bon développement. Les neurologues ont par leurs recherches réussi à établir un lien direct entre l'affect d'un enfant et son épanouissement cognitif. Par exemple, les enfants orphelins de Russie, manquant profondément d'amour familial, ont davantage de retard scolaire que les autres. Dans son dernier ouvrage *Le Murmure des fantômes*, **Boris Cyrulnik** démontre qu'après une année passée en famille d'accueil, les orphelins retrouvent une partie de leur capacité intellectuelle.

S'il ne se sent pas aimé, l'enfant évolue dans un univers de solitude où la **reconnaissance ontologique** que procure l'amour ne se fait pas. Un être est avant tout une personne sociale ; l'attachement des autres membres le relie à la communauté.

L'amour parental procure à l'enfant une sécurité qui le renforce et lui procure la force de vivre sans avoir peur d'être abandonné. C'est d'ailleurs ce que Sandrine exprime lorsqu'elle aborde le rôle de parent.

— « Qu'est-ce qu'être un bon parent ?
— C'est d'abord aimer ses enfants.
— Comment les aimez-vous ?
— Très fort !
— De quelle manière cet amour se traduit-il ?
— Je leur dis souvent que je les aime, je suis toujours présente quand ils ont besoin de moi…
— Connaissez-vous leurs besoins ?
— Je les anticipe même !
— C'est-à-dire ?
— Je sais de quoi ils vont avoir besoin même quand ils n'en ont pas encore conscience. »

L'amour que Sandrine éprouve à l'égard de ses enfants lui permet d'être à leur écoute, d'entendre ce dont ils manquent et d'anticiper leurs besoins. La notion d'**anticipation** est ici essentielle. Si l'amour nourrit l'enfant ainsi qu'il le protège, il permet également la projection de ce dont l'enfant aura besoin pour son bien-être. Si l'amour est actuel, l'éducation est anticipation protectrice.

L'éduquer, c'est le libérer

Le rôle qu'a l'éducation dans la fonction parentale nécessite des parents une vision de ce qu'ils souhaitent pour leur enfant. La double étiquette que le parent arbore en tant qu'être aimant et personne éducatrice auprès de l'enfant peut semer le trouble au moment de choisir l'une d'entre elles. Pourtant, elles sont intrinsèquement liées car défendre son enfant contre un avenir qui pourrait lui être néfaste se fait souvent à l'encontre de ses envies.

Prenons l'exemple d'un enfant qui désire des bonbons. Les parents prévoient de futurs problèmes dentaires s'ils cèdent trop souvent à cette envie. L'amour qu'ils auront pour leur enfant légitimera la peine qu'ils lui feront.

— « *Observez-vous des besoins dont ils n'ont pas conscience ?*
— *Je sais ce qui est bon pour eux-mêmes même si ce n'est pas à leur goût.*
— *Comment vous y prenez-vous ?*
— *Je leur dis ce qu'ils doivent faire ou pas…*
— *Et ils vous font confiance ?*
— *Je suis leur mère et je sais ce qui est bon pour eux. Donc, ils obéissent !*
— *Sur quoi vous basez-vous pour être sûre de savoir ce qui est bon pour eux ?*
— *Sur ce que j'ai appris. Sur les valeurs que mes parents m'ont transmises.*
— *Mais pourquoi avoir choisi de transmettre celles-là plutôt que d'autres ?*
— *Parce qu'elles m'apparaissent être les bonnes…* »

Transmettre des valeurs humanisantes

Le concept de valeur est au cœur de la question de l'éducation. Les valeurs sont une certaine **interprétation** du monde que l'on transmet car elles nous semblent le ciment essentiel de la société et qu'elles reflètent la manière de s'y conduire.

Si les valeurs sociales diffèrent en leur forme, leur fond est de générer la concorde entre les membres d'un même groupe afin que la vie privée en recueille les fruits. C'est cette interaction entre vie privée et vie publique qui alimente l'éducation des enfants afin de les amener à s'émanciper dans le respect social.

Le parent **humanise**, par le biais de l'éducation, son enfant en fonction de sa propre définition de l'homme. Chacun a sa propre définition des valeurs qui doivent caractériser l'être humain. Nous souhaitons transmettre à nos enfants telles ou telles valeurs pour qu'ils puissent, à leur tour, bénéficier du sens qu'elles ont donné à nos vies.

L'héritage que forment les valeurs, construit chez l'enfant l'image d'une force parentale où un **sens** est donné à la vie. Quelle que soit la nature de la valeur transmise, son but est toujours le même : créer de la cohésion sociale. Ainsi, je me reconnais dans celui qui partage les mêmes valeurs que moi.

Par là, le concept de valeur introduit l'humain dans un espace où il peut laisser libre cours à sa liberté d'autant qu'il en connaît les limites. De la restriction comportementale que produit la valeur émerge le sentiment d'être libre.

En ce sens, **Kant** écrit : *« On doit prouver à l'enfant qu'on exerce sur lui une contrainte qui le conduit à l'usage de sa liberté. »*

Pour le philosophe allemand, les concepts de contrainte et liberté sont intimement liés. Il n'y a que dans le respect de lois morales et universelles, inscrites en chaque homme, que la liberté peut avoir un sens.

Pourtant existe le problème de la légitimité des valeurs transmises. Est-il possible de juger la valeur qualitative d'un parent en fonction de critères qui ne sont pas les siens ? Et que signifie être un bon parent ? Cela peut-il correspondre à une réalité complexe, prise entre contexte politico-économique et projection inconsciente ?

Qu'est-ce qu'être un bon parent ?

Respecter l'unicité de l'enfant

Si le souhait de chaque parent est que l'enfant corresponde à ce qu'il en espère, ce sera toujours en fonction de l'image de perfection qu'il a de l'homme. L'éducation apparaît ici comme la **projection** des valeurs du parent sur l'enfant. Ce dernier n'est par conséquent pas libre de s'épanouir en fonction de ce qui l'anime. Seule sa réponse à l'attente du parent pourrait satisfaire celui-ci.

L'enfant n'est pas une chose à manipuler selon ses propres attentes. C'est ne pas considérer l'enfant comme un être libre mais plutôt l'emprisonner dans des rêves qui ne lui appartiennent pas.

C'est là toute la complexité du rôle d'éducateur : réussir à transmettre à l'enfant les armes qui lui seront nécessaires afin d'évoluer dans une société donnée tout en le laissant libre de ses choix. D'un côté le parent qui éduque, de l'autre l'enfant qui se construit indépendamment de lui.

Le fait que chaque enfant soit unique et donc différent de ses parents ne peut établir la correspondance de l'enfant au souhait des parents comme critère de bon parent. Désirer absolument que son enfant devienne ce que l'on veut est non seulement un non-respect de sa singularité mais peut également glisser vers un endoctrinement idéologique où le parent est convaincu de savoir ce qu'il y a de mieux pour son enfant.

La visée première : le bonheur

Lorsque Sandrine expose les critères permettant selon elle de reconnaître la qualité du parent en tant que transmetteur de moyens susceptibles de servir au futur adulte dans son existence sociale, elle énonce sans hésiter la notion de bonheur.

— « *Quels seraient pour vous les signes de réussite de votre éducation ?*
— *Qu'ils soient heureux. C'est la seule chose que je demande.*
— *Même si leur bonheur ne ressemble pas au vôtre ?*
— *Qu'ils trouvent le leur. Je les éduque pour qu'ils puissent épanouir ce qu'ils sont.* »

Il semble que le but de toute éducation soit le bonheur des enfants et leur bien-être. C'est pour cela que le parent protège et éduque. Sans cette dimension éducative, point de socialisation possible du futur adulte. L'adulte serait donc à même de juger en fonction de ce qu'il est heureux ou malheureux de la qualité éducationnelle de ses parents ? Ce critère n'est pas valable et tout ce qui advient à un enfant n'est pas forcément de la responsabilité parentale.

— « *Si vos enfants ne deviennent pas heureux, cela signifiera-t-il que vous êtes une mauvaise mère ?*
— *Je ne sais pas, mais en tout cas j'aurais tout fait pour...*

– *Faire tout son possible serait-il un critère de bonne parentalité ?*
– *Oui. On ne peut pas se battre contre ce pour quoi on ne peut rien.*
– *C'est-à-dire ?*
– *Je ne peux pas savoir ce que la vie leur réserve.*
– *Existe-t-il donc des limites aux effets de l'éducation ?*
– *Oui et on n'y peut rien. On peut juste être là pour limiter les dégâts.* »

Un partage de responsabilité

Par là, le jugement que l'enfant peut porter sur l'éducation qui lui a été transmise par ses parents est très difficile par rapport à la **responsabilité** de ces derniers dans le bien-être de leur enfant.

Prisonniers eux-mêmes de conditions socio-économiques déterminées, ils ne sont pas toujours aptes à transmettre à leurs enfants les armes qu'eux-mêmes n'ont pas. L'individu est ici victime d'une inégalité sociale qui le dépasse et contre laquelle il est ardu de lutter.

En ce sens, juger la qualité parentale sur la vie réservée à l'enfant apparaît injuste et fait porter à la personne privée une responsabilité sociale qui n'est pas la sienne.

De ce fait, le seul critère qui puisse être adéquat à une telle évaluation est la certitude des parents d'avoir fait leur possible. Rechercher un moyen objectif, absolu à l'édification d'un tel classement, c'est renier l'unicité de chaque être et les circonstances particulières qui le font exister et le définissent.

Épilogue

La question à laquelle tente de répondre Sandrine est délicate. En effet, le parent appartient à un contexte politico-économique auquel l'éducation transmise aux enfants ne peut se soustraire. Si effectivement l'appellation « bons parents » devait être attribuée à ceux qui ont la possibilité d'éduquer leurs enfants dans les meilleures conditions, alors une frange de la population se verrait attribuer celle de « mauvais parent ». La seule validité d'un tel titre ne peut se trouver que dans le jugement sans concession que le parent porte sur lui-même. Savoir que l'on a fait notre possible est plus juste que d'essayer de se déterminer en fonction de critères absolus.

Quelques questions à se poser

Vos parents ont-ils été à vos yeux de bons parents ? Pourquoi ?

Quelles sont les valeurs que vous voudriez transmettre à vos enfants ?

Qu'attendez-vous de votre enfant ? Qu'espérez-vous pour lui ?

Éduquer, est-ce avoir du pouvoir sur ses enfants ?

Bernard est, à 39 ans, père de deux adolescentes. Confronté, avec son épouse, aux élans revendicatifs de ses filles face aux règles qui leur sont imposées, il éprouve un sentiment de culpabilité lorsqu'il leur demande de lui obéir. Il s'interroge sur le fait de n'être pas assez consensuel avec ses filles et d'exercer, par conséquent, une forme de pouvoir sur elles. Pouvoir qui le renvoie à la notion d'emprisonnement et d'entrave à la liberté. Les questions qu'il exprime traitent des rapports qu'entretient l'éducation avec le pouvoir et surtout la légitimité de ce dernier.

Le concept de pouvoir semble être lié de manière intrinsèque à celui de société. **Platon**, dans *La République*, répertorie les différentes formes de pouvoirs : familial, économique, politique en ne les discernant que par une différence de degré. Le nombre de personnes concernées par un certain type de pouvoir serait le seul critère pouvant les différencier. Le pouvoir précède la société car il est ce par quoi les relations se tissent entre individus à plusieurs niveaux. Un homme peut être à la fois père de famille, responsable de son activité professionnelle, citoyen, etc. En ce sens, le pouvoir confère à la personne son statut et construit ainsi les liens complexes qui génèrent la société. Sans forme de pouvoir, point de place précise à prendre. Point de hiérarchie dans laquelle je puisse me définir. La problématique que Bernard se pose concerne la **légitimité du pouvoir** qu'il exerce sur ses filles et qui lui assure son statut de père. Le problème de fond touche sans nul doute à la possibilité d'être en dehors de toute relation de pouvoir.

> - Qu'est-ce que le pouvoir ?
> - Puis-je éduquer sans en exercer ?
> - Affirme-t-il le statut ou l'égrène-t-il ?
> - Quelle place laisser à la liberté de l'enfant ?

Qu'est-ce que le pouvoir ?

Toute forme de relation est une lutte de pouvoir

Le pouvoir est la concrétisation de l'**ascendant** que l'on peut avoir sur une personne. Il est envisagé dans toutes les espèces animales ; il est le vecteur essentiel de toute vie communautaire. Que ce soit chez les loups ou les grands singes, toutes les sociétés fondent l'ordre social sur le pouvoir.

Il est ce par quoi l'individu s'affirme aux autres en même temps qu'il y est soumis. Toute forme de relation est d'emblée une lutte de pouvoir, qu'il s'agisse aussi bien de haine que d'amour. L'individu veut vivre et pour cela il doit s'évertuer à garder le statut qui est le sien.

En ce sens, le pouvoir exercé sur autrui, même s'il se fait par un altruisme ressenti, est la seule voie que l'être emprunte afin d'exister. Sans cette lutte de pouvoir, qui fait que l'adolescent se rebelle contre ses parents ou que des conflits sociaux apparaissent, nulle forme sociale ne serait envisageable.

— *« Qu'entendez-vous par "être père" ?*
— *M'occuper de mes enfants, leur enseigner mes connaissances.*
— *Comment vous y prenez-vous ?*
— *Comme il convient selon les circonstances.*
— *Vous êtes seul juge de ces convenances ?*
— *Avec mon épouse, oui.*
— *Vos filles n'ont alors pas leur mot à dire…*

— *Non. C'est aux parents de dicter leurs principes.*
— *Le savent-elles ?*
— *Bien sûr.*
— *De quelle manière l'ont-elles appris ?*
— *Par le fait qu'elles sont obéissantes. »*

On devient parent par l'affirmation de son pouvoir

Au travers de cette lutte de pouvoir interfamilial, se crée une harmonie basée sur le respect du statut de tous les membres. C'est par l'obéissance au pouvoir parental que l'enfant va se définir en tant que tel. Pareillement, c'est en exerçant son pouvoir sur l'enfant que l'adulte devient parent.

En ce point, Bernard remplit sa fonction de père par le pouvoir qu'il exerce sur ses filles. C'est par lui qu'il affirme son identité parentale tout en les aidant à renforcer leur identité d'enfant. Il y a une interaction générée par les relations qui fait s'entre-exister les individus sociaux, seulement définissables par leurs places sociales.

Par là, on n'est pas père mais on le devient par l'affirmation de son pouvoir. On rejoint l'existentialisme de **Sartre** pour qui l'existence précède l'essence. Un homme gagne son identité en entrant dans l'action.

— *« Pourquoi vous obéissent-elles ?*
— *Parce que tant qu'elles seront chez moi, elles se plieront à nos règles de vie.*
— *Serait-ce par le pouvoir que vous exercez sur vos filles que vous devenez père ?*
— *Je pense que sans ça, je ne tiendrais pas mon rôle. Je serais un simple copain.*
— *C'est-à-dire ?*
— *Je deviendrais un confident et je ne serais plus crédible en tant que père.*
— *Les deux sont-ils incompatibles ?*
— *Je pense…*

- *De quel régime votre façon d'être père serait-elle la plus proche : la démocratie ou la dictature ?*
- *Je ne vais pas attendre de deux adolescentes de savoir ce qu'elles pensent de leur éducation...*
- *Pourquoi ?*
- *Parce que j'estime que c'est la meilleure...*
- *C'est donc une dictature. »*

Où commence la liberté de l'enfant ?

La définition que Bernard possède du « bon père » est celle qui promulgue une éducation axée sur une forme de pouvoir absolu, **non partagé**. En ce sens, ses deux filles ne peuvent qu'obéir à ses décisions sans avoir la possibilité de faire entendre leur point de vue.

Si la démarche du père de famille est légitimée par le fait qu'il veut que ses enfants aient une éducation sans faille, il entrave par là même toute forme de liberté. En ne leur permettant aucune suggestion, il se présente comme unique étalon de penser. C'est là toute la difficulté d'être parent : où commence la **liberté** de l'enfant ?

Le sens que l'on donne à l'éducation est fondamental afin de ne pas être en contradiction avec soi-même. Déterminer ce que l'on souhaite transmettre à ses enfants et surtout dans quel but est essentiel à leur construction.

- *« Si vous voulez ! C'est une dictature mais c'est pour leur bien...*
- *Quel est le but de l'éducation ?*
- *Apprendre à ses enfants comment se débrouiller dans la vie afin d'être heureux.*
- *Être heureux selon votre vision personnelle ?*
- *Oui...*
- *Vos filles sont-elles incapables de trouver la leur ?*
- *Je ne leur fais pas confiance. Elles sont jeunes.*
- *Et avez-vous confiance en votre éducation ?*

— *Oui.*
— *Même si elle rend vos filles inaptes à trouver leur liberté ? »*

Si la fonction de parent s'acquiert en partie par le pouvoir exercé sur les enfants, n'est-il pas essentiel d'épanouir ces derniers en leur permettant à leur tour d'exercer un pouvoir sur leur propre existence tout en respectant les règles sociales qui sont les leurs ? Si cette transmission de pouvoir ne se fait pas, le rôle de père est-il bien tenu ? Le refus de voir ses enfants acquérir le pouvoir d'être libres ne revient-il pas à les chosifier ?

Transmission de pouvoir, transmission de liberté

Éduquer, c'est rendre libre

Lorsque j'interroge Bernard sur le but de l'éducation, il répond que c'est le bien-être de ses filles. Comme tous les parents, il espère pouvoir donner à ses enfants les armes nécessaires afin qu'elles puissent se battre dans la vie et s'épanouir tout en ayant conscience des limites de leurs actions.

Dans son *Émile*, publié en 1762, **Rousseau** voit dans le rôle de l'éducation une transmission de liberté authentique à la nature de chacun. Il y différencie les faux besoins qui nous sont inculqués culturellement. Pour le philosophe des Lumières, l'éducation doit être ce par quoi l'enfant appréhende sa propre liberté. Il s'agit pour lui de générer un équilibre entre le développement naturel des besoins de l'enfant et sa capacité à les gérer.

En revanche pour **Kant**, l'éducation s'entend comme une contrainte et un travail. Ça n'est que dans la discipline et la conduite en fonction de la morale, que l'enfant pourra acquérir sa liberté.

Inculquer à une personne les règles sociales afin que son comportement soit susceptible d'intégrer la société n'est rien si le sens de la liberté n'y est pas intégré. Parallèlement, si les codes sociaux ne sont pas appris, un individu se rendra vite compte des limites à sa liberté.

C'est en ce sens que le discours de Bernard n'est pas en accord avec la définition qu'il donne du bonheur qu'il espère pour ses filles.

- « *Elles mèneront plus tard la vie qu'elles veulent en étant libres de leurs choix.*
- *Où auraient-elles appris le sentiment de liberté ?*
- *Mais elles sont libres…*
- *Qu'entendez-vous par "liberté" ?*
- *C'est le fait de pouvoir exprimer ce que l'on aime…*
- *Est-ce leur cas ?*
- *Pas trop…*
- *Pourquoi ?*
- *Parce que je suis rigide sur certains points mais je suis plus large sur d'autres.*
- *Et c'est là que vous leur octroyez leur liberté ?*
- *Oui mais dans la vie elles ne pourront pas toujours faire ce qui leur plaît…*
- *Vous les entraînez donc à se faire à la non-liberté ?*
- *Peut-être…* »

Laisser l'enfant appréhender sa liberté par lui-même

Le problème que rencontre Bernard est un dénominateur commun à tous les parents : savoir à partir d'où je peux laisser mon enfant exprimer sa liberté ? La question est délicate car elle renvoie à la censure que peut parfois adopter le rôle éducationnel. Ce ne sera qu'à la mesure du jugement parental que la liberté de l'enfant sera acceptée ou pas.

Par exemple, je ne veux pas que mon adolescent sorte avec ses amis car j'ai peur de la drogue, ou encore, je veux qu'il suive la voie scolaire que j'ai imaginée pour lui car elle est la plus propice à lui donner un emploi sûr.

La crainte est justifiable et elle trouve son origine dans la peur que les parents vivent face à des situations à risque. Nous sommes ici à un croisement entre l'enfant, personne en construction qui cherche à appréhender sa nouvelle liberté et les parents, conscients des dangers de l'existence. L'un qui ne demande qu'à les connaître afin de faire sien le monde, l'autre qui veut l'en protéger.

Empêcher un être d'affirmer ce qu'il est le réduit à un élément purement social, construit pour s'imbriquer parfaitement dans la société dont il connaîtra tous les rouages. En revanche, lui faire appréhender l'importance de sa liberté eu égard aux autres, c'est le rendre capable de s'épanouir à l'intérieur du groupe.

Prendre conscience de notre pouvoir sur nous-même

Comme dans tous les rapports humains, la connaissance de l'autre ne se fait que par le biais de la communication, quel que soit son support. Par là, l'éducation n'échappe pas à la règle. Aider l'enfant à exprimer sa liberté est compatible avec le fait d'éclairer sa conscience sur les risques qu'il encourt.

De même, il faut expliquer clairement à l'enfant le refus parental par un discours argumenté. Ce faisant, le parent expose sa liberté raisonnée à l'enfant ; son pouvoir n'est dès lors plus sujet à étouffer celui de l'autre.

En ce sens, éduquer consiste à laisser ses enfants appréhender leur liberté en définissant des limites et des interdits et donc un périmètre d'action à l'intérieur duquel ils sont libres.

L'acquisition d'une telle liberté, sous conditions, permettra à l'adulte de ne rien faire dont il ignore les conséquences. Libre ensuite à lui, selon sa conscience, de prendre les chemins qui lui permettront d'être toujours en accord avec lui-même, même au-delà de l'interdit.

Épilogue

Les rapports entre pouvoir et éducation sont complexes ; l'un n'est qu'une partie de l'autre. Telle est la difficulté : appréhender la limite où le parent concède à l'enfant sa part de liberté. Continuer à exercer un tel pouvoir, c'est rejeter la liberté identitaire de l'enfant en tant qu'être devenant. C'est également ne pas être en capacité de se débarrasser de cette forme de pouvoir, réduisant ainsi la fonction parentale à l'interdit, nécessaire mais insuffisant quant à l'épanouissement particulier de chaque adulte en devenir. S'interroger sur les besoins de son enfant et l'écouter permet de repérer ce qui en lui ne demande qu'à se déployer, c'est le reconnaître indépendant de soi. Si le pouvoir du parent est dans un premier temps une nécessité pour l'enfant, il ne doit pas par la suite l'empêcher de devenir ce qu'il est.

Éduquer, est-ce avoir du pouvoir sur ses enfants ?

Quelques questions à se poser

Quels sont les interdits que vous imposez à votre enfant ?

Pensez-vous le laisser libre de ses choix ?

Quelle est la singularité de votre enfant ? Quelles sont ses passions ?

Respectez-vous autant votre enfant qu'il vous respecte ?

Quelle importance a la fratrie ?

*Myriam est la cadette de trois filles. Choyée par ses parents ainsi que par ses sœurs aînées, elle a aujourd'hui du mal, à 28 ans, à rompre avec sa **dépendance** fraternelle. Rien ne lui semblant plus important que l'avis de ses sœurs. C'est vers elles qu'elle se retourne à la moindre décision à prendre. Elle a du mal à s'émanciper en tant qu'adulte capable de régler seul les problèmes de l'existence. Affectivement, jamais un homme n'a pu lui apporter la même sécurité que la fratrie. Au seuil de la trentaine, Myriam désire être assez forte pour gérer sa vie sans attendre l'aval de ses sœurs. Le problème auquel elle souhaite trouver une réponse est l'impact que la fratrie a sur l'individu ; elle se demande s'il est à même de conditionner la personne sociale.*

La naissance d'un enfant est l'origine de la famille. La relation entre deux adultes formant un couple va être bouleversée par la création d'une troisième personne attribuant à ses deux géniteurs des rôles déterminés : la mère et le père. La cellule familiale est ici mise en place. S'il est suivi d'autres frères ou sœurs, l'enfant unique évoluera au sein d'une fratrie avec laquelle il devra composer et l'inscrivant en tant qu'être social ; la fratrie est un lieu où chacun prend sa place, s'il le faut au détriment de ceux avec qui on la partage. Elle est une microsociété où le futur adulte prend conscience de ce qu'il est, à l'écart des relations protectrices de ses parents. Le cas de Myriam est éloquent à ce sujet. Étant la dernière de trois sœurs, les deux aînées se sont attribuées une attitude protectrice, ne laissant à Myriam que la place de celle que l'on protège. Le problème que rencontre aujourd'hui la jeune femme est cette incapacité à se défaire du joug fraternel et du besoin qu'elle a de toujours se sentir protégée par ses grandes sœurs. Désireuse de pouvoir davantage se faire confiance, Myriam souhaite s'interroger sur la nature de la fratrie et les conséquences qu'elle peut avoir sur la vie sociale de l'adulte.

- Qu'est-ce que la fratrie ?
- Que représente-t-elle ?
- Quel rôle ai-je au sein de la fratrie ?
- Suis-je contraint de tenir ce rôle ?

Qu'est-ce que la fratrie ?

La fratrie constitue une microsociété

La fratrie est au sein de la cellule familiale une tierce entité. Dépendante des parents qui la font subsister, elle trouve son indépendance dans la microsociété qu'elle représente, à l'écart du couple parental.

En sont uniquement membres les frères et sœurs, au-delà de la sphère parentale. En cela, pour la fratrie, les parents sont la loi ainsi que ses garants. Au moindre acte ressenti comme une injustice, l'enfant a pour seul recours le jugement parental qui délimite le cadre où il est possible d'agir. Sans cette sphère **limitative**, point de répréhension envisageable et par conséquent aucune appréhension de l'interdit pour l'enfant.

L'éducation en ce sens est la **transmission** de règles de vie des parents aux enfants. Elle suggère d'emblée que la fratrie est livrée au désordre, nécessitant ainsi la discipline parentale. La frontière entre le couple et la fratrie génère chez les deux parties la connaissance d'un monde qui n'est pas le leur et sur lequel les parents veillent.

En ce sens, la fratrie apparaît comme une microsociété dans laquelle chaque enfant fait l'expérience de son pouvoir sur les autres membres en restant soumis à l'autorité des parents. C'est ce qu'explique Myriam dans la présentation de son enfance.

— *« Je me souviens que mes sœurs se disputaient ma surveillance. Pour elles, je devais être une poupée sur qui elles pouvaient exercer leur talent de future maman.*
— *Cela vous plaisait-il ?*
— *Oui.*
— *Pour quelles raisons ?*
— *On se disputait pour moi…*
— *Quel plaisir y avait-il à ça ?*
— *J'avais un certain pouvoir et sans rien faire…*
— *Sans rien faire ou sans culpabilité ?*
— *Non, sans rien faire. Je n'y étais pour rien !*
— *Le fait de rester passive devant leurs disputes n'était-ce pas s'en rendre complice ?*
— *Oui, mais j'étais une enfant…*
— *Vos sœurs aussi. »*

L'influence de l'autre, du frère ou de la sœur

Dans cette sphère fraternelle, les relations entre enfants s'expriment à deux niveaux :

- Le premier est la volonté de chaque enfant d'être reconnu en tant qu'aimé des parents et ce au détriment des frères et sœurs. La rivalité sera d'autant plus ressentie par l'aîné à la naissance de l'autre, naissance qui entraîne un partage des parents qui peut être vécu comme un désintérêt à son égard.
- Le deuxième est la prise de pouvoir, inhérente à toute personne, sur autrui. Dissimulée à l'âge adulte sous des comportements sociaux, elle est chez l'enfant à vif. Ce que **Darwin** appelait l'instinct de conservation génère chez l'enfant le danger que représente l'autre. Il est un ennemi avec qui je dois tout partager ; l'affection des parents, les jouets… En ce sens, je veux plus que lui et pour ce faire je dois prendre le pouvoir sur lui.

Investis du rôle que la fratrie leur confère ainsi que celui qu'inconsciemment les parents leur attribuent, les enfants sont livrés à des rapports complexes et voient dans le frère ou la sœur davantage celui ou celle qui est différent plutôt que le semblable.

— *« Je me suis toujours vue comme différente de mes sœurs.*
— *En quel sens ?*
— *Elles étaient toujours sûres d'elles et moi je suivais toujours leurs conseils.*
— *Même lorsque vous n'étiez pas d'accord avec elles ?*
— *Oui ! C'est là le plus terrible ! Je pense toujours que mes prises de position ne sont jamais les bonnes par rapport aux leurs…*
— *Est-ce vrai ?*
— *Non. Parfois elles se trompent.*
— *Sur quoi se base votre croyance ?*
— *Sur le fait que je suis la petite sœur qui écoute…*
— *Sans s'écouter elle-même ?*
— *Sans doute… »*

La place décisive que l'on occupe au sein de la fratrie

Le monde dans lequel les enfants vont devoir évoluer est mis en place. La fonction que prend la fratrie est en ce point essentielle pour l'équilibre social de l'être qui apprend les rudiments de la société.

La position à l'intérieur de la fratrie, qu'elle soit bien ou mal vécue par l'enfant, va en partie déterminer la position qu'il vivra **extra-familialement**. Que ce soit au sein de la famille en son sens le plus large ou au sein du milieu scolaire, la place qu'il aura acquise fraternellement aura des répercussions.

En ce sens, le comportement d'assistée que Myriam a vécu au sein de la fratrie semble se prolonger dans sa vie d'adulte. Elle utilise d'ailleurs le terme de « fatalité » pour parler de son existence.

> — « *Comme j'ai été protégée par mes sœurs, j'ai tendance aujourd'hui encore à rechercher de la protection auprès de mon entourage.*
> — *En quoi cela vous gêne-t-il ?*
> — *Je ne suis pas autonome…*
> — *C'est-à-dire ?*
> — *Je n'ose pas prendre de décisions toute seule.*
> — *Pourquoi ?*
> — *Parce que je n'y ai jamais été habituée.*
> — *Et donc ?*
> — *Et donc j'ai l'impression que je serai toujours comme ça. Parfois je me dis que c'est la fatalité…*
> — *Que vous n'y échapperez pas ?*
> — *Oui…* »

L'influence que la fratrie a sur l'individu interdit-elle tout changement de comportement à l'âge adulte ? L'aide-t-elle à se construire ou est-elle une entrave à son épanouissement ?

Trouver son indépendance

« L'enfer c'est les autres »

Il y a chez Myriam une impression d'échec au sens ontologique. Il lui semble que ce qu'elle est n'est pas ce qu'elle aimerait être. Il y a ici une amplitude importante entre le fait et le souhait.

Pour reprendre l'existentialisme de **Sartre**, l'individu est responsable de ce qu'il est. N'existant que par les actes qu'il perpétue et par lesquels il apparaît au monde, il est libre de revendiquer un quelconque changement par le biais de l'action. « *L'enfer c'est les autres* » écrit Sartre dans *Huis clos*. Autrui me chosifie car il ne me voit qu'en tant qu'objet. Par extension, je suis pour lui celui qui le chosifie.

L'échec que Myriam ressent ne peut s'apparenter à la fatalité comprise comme quelque chose qui ne peut manquer d'arriver.

Soustraire son existence à un tel concept, c'est la déshumaniser en laissant en jachère le libre arbitre qui la caractérise.

En ce sens, être humain signifie être libre de faire des choix. Si la possibilité de changer de voie en entrant dans l'action est obstruée par un refus **décisionnel,** invoquer la fatalité pour prétexter une absence d'engagement ne fait que renforcer l'impression d'échec.

L'être ne peut apparaître victime de la fatalité car il en est responsable. Se penser victime de son être, c'est le stigmatiser dans une impossible évolution.

— *« Seriez-vous donc victime de la situation ?*
— *Pas vraiment, mais un peu quand même…*
— *Et vos sœurs, le seraient-elles ?*
— *Non ! Elles sont sûres d'elles.*
— *Leur avez-vous déjà laissé l'occasion de n'être pas sûres d'elles ?*
— *Comment ?*
— *En vous montrant plus sûre de vous…*
— *Je ne crois pas…*
— *En ce sens, seriez-vous autant responsable qu'elles, ou elles autant victimes que vous ?*
— *Sans doute… »*

Voir autrui comme un autre moi

En se rendant compte de l'absurdité qu'il y a à s'identifier à la victime tandis que ses sœurs ne le pourraient pas, Myriam quitte par là même ce statut pour endosser celui de responsable de sa propre situation. Sans cette remise en question, elle ne peut que se perdre dans une excuse fataliste impropre au changement.

Prisonnière de l'image que ses sœurs lui renvoient d'elle, à aucun moment Myriam n'a pu s'investir dans un rapport d'entraide. Jamais elle n'a pu envisager l'autre comme un autre moi. Cette **reconnaissance** de l'autre comme étant mon semblable me permet, non seulement de moins en avoir peur, mais aussi de deviner sous sa carapace une sensibilité égale à la mienne.

Le sentiment d'amour au cœur de la fratrie ne peut se concevoir qu'en termes de compréhension au-delà des apparences. Il ne faut pas s'arrêter au seul visible mais apprendre à reconnaître ce qui chez l'autre résonne en moi.

La nécessité d'extraire l'être de sa fratrie

Ce travail de reconnaissance ne peut se faire que par une identification de l'autre au-delà de la sphère fraternelle, c'est-à-dire l'autre interprété comme individu libre et non plus par le biais de la simple vision familiale.

En d'autres termes, la prise de recul que Myriam entreprend vis-à-vis des relations entretenues avec ses sœurs lui permet d'extirper les acteurs du contexte dans lequel ils jouaient afin de les appréhender plus justement et plus uniquement sous l'angle de la fratrie.

Par ce regard moins enclin à susciter un rapport enfant/sœurs, Myriam peut entrevoir une part de fragilité chez ses sœurs et une possibilité pour elle, à son tour, de les aider. Sans ce rééquilibrage, la jeune fille risque de rester toute sa vie la petite sœur qui a toujours besoin de l'avis des grandes.

Il apparaît ici comme essentiel de reconnaître l'autre autant qu'on se reconnaît. Myriam n'est plus ce qu'elle était, même si elle en est le fruit. Elle n'est plus uniquement la petite sœur. Elle est aujourd'hui adulte, salariée, amie. Le temps l'a enrichie de ses différents statuts et continuera ainsi son travail de complexité ontologique.

Épilogue

Après avoir été l'enfant choyée par ses grandes sœurs, Myriam n'a qu'une seule envie : sortir de ce rapport sclérosant où elle a l'impression de ne pas avoir la possibilité de s'émanciper. La vision infantile qu'elle garde de ses sœurs ne lui permet pas d'entrevoir les adultes qu'elles sont devenues ni, par conséquent, d'avoir d'elle-même une image plus juste. Si effectivement nous sommes les mêmes tout au long de notre existence, nous sommes surtout différents de ce que nous avons été… L'individu évolue. Il est essentiel pour Myriam d'apprécier ces nuances de l'être afin de voir ses sœurs ainsi qu'elle-même sous un angle qui dépasse le cadre familial. Au-delà du rapport fraternel entretenu avec ses sœurs elle pourra avoir une relation davantage sociale, plus en accord avec les adultes qu'elles sont devenues.

Quelques questions à se poser

Parvenez-vous à appréhender les personnes de votre famille en dehors de ce qu'elles représentent dans la sphère familiale ?

Quelle place avez-vous au sein de votre famille et pourquoi ?

Êtes-vous, dans votre vie de tous les jours, le même (la même) qu'au sein de la fratrie ?

IV.

Le travail

Le travail est-il la seule reconnaissance sociale ?

Muriel est une toute jeune maman. Sa petite fille de six mois demande une attention toute particulière à laquelle Muriel n'était pas préparée. Consultante en entreprise, avant la naissance de sa fille, elle avait une vie professionnelle intense où elle était amenée à rencontrer beaucoup de gens. Depuis, elle est chez elle avec son enfant et semble tourner en rond dans son appartement. Les questions que Muriel se pose ont toutes un lien avec le monde du travail et l'impression qu'il donne à ceux qui n'en font pas partie, d'être des « passifs » ou encore des « non-actifs ». La jeune maman travaille toute la journée et n'est cependant pas satisfaite de l'image que cette situation lui renvoie : celle d'une personne inactive, exclue de la société. En d'autres mots, végétative... Elle a donc pris la décision de s'interroger sur le sens du travail. Elle se questionne sur la légitimité de considérer le travail en termes de rendement, sur l'utilité de son activité de mère au sein de la famille et sur la reconnaissance qu'elle attend...

Le mot travail vient du latin « *tripalium* » qui désignait un instrument de torture. Son sens premier semble davantage exprimer la peine et la douleur dans l'exercice que l'épanouissement personnel qu'on revendique aujourd'hui. Nos sociétés sont donc passées d'une ère où travailler fut infamant à une ère où ne pas travailler est humiliant. Mais que signifie « ne pas travailler » ? Est-ce ne pas avoir de contrat de travail signé ou bien n'avoir aucune activité ? Faire le ménage chez soi est-il si différent que de le faire chez les autres ? Dans les deux cas, les gestes et la fatigue ressentis sont les mêmes. Pourtant, l'un d'eux sera rémunéré. L'autre pas. La **rému-**

nération semble apparaître comme le critère le plus important pour définir la notion de travail. Au niveau juridique, tout travail se définit à partir d'un contrat signé entre les deux parties. Au niveau économique, le travail est compris comme une valeur marchande susceptible de rentabiliser l'investissement. Au niveau social, il est synonyme d'intégration et d'utilité en ce qu'il structure la société en y faisant participer de manière active ses membres. Et c'est là que réside le sentiment de **non-utilité** ressenti par Muriel. L'impression de ne plus participer à la vie du groupe et, par extension de la société, frustre, culpabilise, dévalorise. L'individu se retrouve alors confronté à une **désocialisation** par le fait qu'aucun échange monétaire ne récompense son activité. Le salaire pose un chiffre sur un travail donné. L'activité s'en trouve alors mesurée.

- Qu'est-ce que le travail ?
- Est-ce que je n'existe que par mon travail ?
- Les rapports sociaux ne sont-ils que professionnels ?
- Quels sont les rapports qui cimentent l'individu à la société ?

L'individu est au centre de la société...

Qu'est-ce que le travail ?

On peut définir le travail en plusieurs sens : juridique, économique, social, historique... Le sens que Muriel propose se rapprocherait plus de la définition sociale du travail.

— *« Le travail est une activité pour laquelle on est payé. Grâce à lui, on existe pour les autres et surtout pour soi-même.*

— *C'est une vision très financière de la société...*

— *Oui, mais quand on ne participe pas à l'enrichissement du groupe par le travail qu'on fournit, on est assisté. »*

La notion de travail serait donc à même de relier entre eux les membres d'une société. L'activité professionnelle est ici comprise comme créatrice de richesse sur laquelle on pose une valeur financière. Les relations que le travail entretient avec l'argent **légitimisent** donc son existence.

Par extension, l'individu n'exerçant pas une activité rémunérée ne serait donc pas considéré comme participant de manière active au bon fonctionnement du groupe. Il vivrait sur la richesse formée par les travailleurs salariés, et son statut de citoyen en tant que membre à part entière de la cité s'amoindrirait par ce seul fait. Si on pousse le raisonnement plus loin, celui qui ne participe pas au rendement économique ne peut avoir la même utilité que ceux qui y participent.

Réduire l'être à son activité professionnelle

Dans cette définition statuaire du travail, l'homme semble passer après son activité. Ce n'est plus l'homme (et ses compétences) qui définirait son exercice mais bien l'exercice qui définirait l'homme. Que serait dans ce cadre-là l'épaisseur ontologique d'un individu sans activité professionnelle ?

— *« Un homme qui ne travaille pas reste un homme bien évidemment ! Mais il ne participe plus à la vie de la collectivité…*
— *Pourquoi ?*
— *Parce qu'il ne rapporte rien à la société !*
— *Et parmi ceux qui travaillent, certains participeraient-ils plus que d'autres à la richesse économique du groupe ?*
— *Oui.*
— *Existerait-il donc une échelle de valeur capable de faire exister socialement une personne en fonction de son activité ?*
— *Je pense… »*

Si effectivement l'activité professionnelle donne à l'homme toute sa dimension sociale, on pourrait très bien imaginer que certaines activités soient plus participatives que d'autres. C'est par là même instaurer un critère d'indispensabilité au sein des membres d'un même groupe. Tous n'ayant pas la même valeur financière, ils ne pourraient prétendre à la même valeur sociale. Je décide d'approfondir les arguments de Muriel.

– « *La valeur sociale dépendrait donc de l'activité de l'homme ?*
– *Oui, c'est ce que je crois.*
– *Activité dont le rendement serait avant tout financier ?*
– *Oui. Sans cette richesse, il n'y a pas de vie sociale possible...*
– *Quel regard portez-vous donc sur les hommes politiques qui ne produisent à proprement parler pas de richesses palpables ? Où, dans votre échelle de valeur, se situeraient-ils ?*
– *Là, c'est différent...*
– *Prenons l'exemple de l'Abbé Pierre alors. Sa participation à la société était-elle moindre que la vôtre lorsque vous travailliez ?*
– *Non. C'est évident.*
– *Pourquoi ?*
– *Parce qu'il est actif. Qu'il fait quelque chose pour les autres.*
– *L'aspect financier peut-il donc justement servir de critère à la valeur sociale que l'on attribue à un individu ?*
– *Euh... non.* »

Il y a ici un amalgame entre le statut de citoyen qui fait partie du domaine politique et le statut de salarié, c'est-à-dire celui qui travaille, quelle que soit la nature de son activité, qui fait partie du domaine économique. C'est sans doute là que Muriel a du mal à se positionner.

Réduire l'être à son engagement politique

Lorsque nous parlons de politique c'est au sens antique du terme, c'est-à-dire l'art de bien gérer la cité. Inutile donc de posséder une carte d'adhérent à tel ou tel parti pour se proclamer politique. Revendiquer ou soutenir un fait concernant la cité est déjà un acte politique. Muriel pose d'ailleurs le doigt sur ce point central de la valeur sociale face à l'engagement politique.

— *« Je crois plutôt,* dit-elle, *que c'est l'engagement pour le groupe qui fait que l'on peut légitimer une reconnaissance sociale ou pas.*
— *Que l'engagement soit financier ou politique ?*
— *Oui ! Les deux.*
— *Et parmi les engagés politiques, certains sont-ils plus engagés que d'autres ?*
— *Certainement.*
— *Leur valeur sociale diffère-t-elle selon le degré de leur engagement ?*
— *Oui, je crois. Celui qui se bat plus participe davantage à la vie du groupe.*
— *Existerait-il plus "socialement" qu'une personne que les intérêts communs n'intéresseraient guère ?*
— *En tout cas, il serait plus utile à la société… »*

Muriel agrandit ici le champ de sa réflexion en l'entraînant vers le concept d'**utilité**. Nous passons d'une valeur sociale de l'être en tant que politique à une valeur sociale comprise en termes d'utilité. La question de l'utilité n'en est pas moins délicate. Être utile aux autres, que cela peut-il vouloir dire ? **Platon** dans *La République* décrit bien le rôle du politique. Son devoir est le bien-être des citoyens. L'art des dirigeants en général et des citoyens en particulier est d'agir en vue du bien-être social. La même idée se retrouve chez **Machiavel**, pour qui le prince ne doit reculer devant aucune barbarie pour le bien-être du peuple. Au nom de la raison d'État et au-delà de toute valeur morale, le prince n'a pour autre but que l'intérêt de ses sujets.

Si la notion d'utilité est susceptible d'intégrer l'individu au cœur de la société en tant qu'il y participerait activement, sur quels critères pourrions-nous la définir ? Existe-t-il une seule façon d'être utile ou chaque citoyen aurait-il la sienne ?

... Et la société au centre de l'individu

Gagner en citoyenneté

En se rendant utile, l'individu gagnerait en citoyenneté. Il intégrerait plus en profondeur la société qu'une autre personne qui serait moins utile ou pas du tout. Reste à savoir ce que l'on entend par « **utile** ». La société est formée d'une multitude d'êtres dont les vies et les attentes sont très différentes. Ce qui est utile à l'un peut très bien ne pas l'être à l'autre. De plus, une mesure politique dite « utile » ne peut l'être que pour un groupe d'individus y trouvant un quelconque bénéfice.

La notion d'utilité apparaît toute relative aux **besoins** qu'elle est censé couvrir. La diversité des besoins est tellement vaste qu'il semble impossible à toute action de générer un effet utile pour tous. C'est dans ce sens que la réflexion de Muriel se prolonge.

— « *Qu'entendez-vous par "être utile" ?*
— *Le fait de rendre service aux gens, de les aider. C'est ce que j'appelle "être utile" !*
— *Être utile pour quelqu'un ne signifie pas forcément être utile pour tous...*
— *C'est sûr.*
— *Une même action peut-elle donc être utile et inutile en même temps ?*
— *Vu sous cet angle, oui...*
— *La sociabilité d'un acte ne serait donc pas à chercher dans ses effets ?*
— *Je ne pense pas.* »

« L'homme est un animal politique »

Le fait que l'utilité soit variable en fonction des besoins personnels rend impossible toute légitimation sociale de l'acte par ses conséquences. Puisqu'on ne peut pas uniquement juger un acte sur ses conséquences, sur quels critères pourrions-nous juger un individu plus utile socialement qu'un autre ?

La définition que donne **Socrate** de l'homme nous éclaire sur ce point. Il parle de l'homme en tant qu'animal politique. La fonction même d'être homme serait intrinsèquement liée à la société humaine. Ce serait la société humaine qui crée l'homme, ce dernier pouvant cependant lui offrir des formes nouvelles par l'action de toutes ses compétences.

– *« Comment reconnaître socialement un individu si nous ne pouvons nous appuyer sur l'effet de ses actes ?*
– *Par le fait qu'il détermine ce qui est bon pour lui…*
– *Comment l'homme arrive-t-il à déterminer ce qui est bon pour lui ?*
– *Par la réflexion.*
– *Par quel biais réfléchissons-nous ?*
– *Notre conscience.*
– *De quoi la conscience humaine a-t-elle besoin afin d'exister ?*
– *De la société…*
– *En ce sens, le fait d'être homme serait-il en soi une reconnaissance sociale ?*
– *En effet… »*

Une reconnaissance sociale dès la naissance

Il apparaît par là même impossible de sortir socialement de son existence, la notion d'homme étant essentiellement liée à celle de société. Quelle que soit notre volonté de vivre en ermite, cette volonté sera induite par l'environnement humain dans lequel nous évoluons. À ce titre, les rares cas connus d'enfants sauvages révèlent leur incapacité à penser comme un homme social. Les capacités cognitives de l'être humain se mettent en place au cœur de la société. Le fait d'être un être social me rend humain.

La société se trouve ainsi en chacun d'entre nous. Nous portons ses germes qui sont les nôtres. La reconnaissance sociale se fait donc d'emblée, dès qu'un être naît et grandit au sein d'une société humaine. Cette relation d'**interdépendance** ne permet pas de classer les hommes : un homme n'appartient pas plus qu'un autre à la société. Vouloir entreprendre une telle classification obligerait à prendre en considération des échelles de valeurs arbitraires et aurait pour conséquences de réduire l'être humain aux répercussions sociales de ses actes.

Épilogue

Le manque de reconnaissance sociale dont souffre Muriel trouve sa source dans son désir de situer l'homme sur une échelle de valeur (économique, ergonomique ou autre). Elle est vite confrontée aux limites d'une telle évaluation humaine lorsqu'il s'agit de définir l'homme en tant qu'être social. C'est le fait d'être social qui rend l'humain homme. En ce sens, la société vit en lui. Sa seule fonction d'être le fait participer au groupe car il en est le fruit et le constitue. Le seul critère de reconnaissance sociale grâce auquel un homme peut se reconnaître en tant que tel est son existence. Il y a ici un rapport tautologique entre l'homme et la société : ils se suffisent à leur propre existence.

Le travail est-il la seule reconnaissance sociale ?

Quelques questions à se poser

Quelles sont pour vous les qualités essentielles qui font un homme ?

À partir de quand une activité devient-elle un travail ?

Jugez-vous que votre travail fait ce que vous êtes ?

Harcèlement au travail : comment sortir de la victimisation ?

Edwige est assistante de direction dans une grande entreprise. Depuis quelques mois, elle est victime de harcèlement de la part de son supérieur hiérarchique qui cherche à lui faire quitter son poste. Face à la nécessité de conserver son travail, elle se retrouve dans une situation angoissante où elle ne sait trop quoi faire : partir ou se battre. Mariée et mère de deux enfants, elle ne peut se permettre financièrement de quitter son emploi de sa seule initiative et d'ainsi perdre les allocations auxquelles elle a droit en cas de licenciement. Les questions qu'Edwige se pose concernent la légitimité de se battre lorsque les responsabilités familiales sont présentes.

Le harcèlement s'entend comme une répétition de désagréments ayant pour but l'abdication de la personne visée. Ses moyens sont divers, bien qu'ils proviennent tous d'une même volonté de faire agir autrui contre son intérêt, au profit du harceleur. Dans le cas d'Edwige, cette technique de manipulation se traduit de différentes façons : lui assigner un nombre anormalement important de tâches qu'elle n'arrivera pas à assumer, ou les lui supprimer peu à peu. En ce sens, le harcèlement est une manière habile de mener un combat sans pour autant dire son nom. Le harceleur agit caché et ne laisse aucune prise à sa victime. Ainsi, la difficulté pour le harcelé est de se reconnaître comme harcelé et de le prouver. La question d'Edwige est comment peut-elle se battre et se convaincre de l'illégalité de cette pratique.

- Qu'est-ce que le harcèlement ?
- Quel effet le harcèlement a-t-il sur la personne ?
- Comment se battre contre le harcèlement ?
- Peut-on en ressortir grandi ?

Qu'est-ce que le harcèlement ?

Le machiavélisme ou la raison d'État au-delà des règles morales

La caractéristique du harcèlement se trouve dans la répétition de son acte. Il est comme le siège d'une ville dont le but est d'affaiblir sa population jusqu'à ce qu'elle se rende à la volonté de l'assiégeur.

Le harcèlement est un moyen de lutte qu'emploie une entité afin d'en faire abdiquer une autre. Quels que soient les subterfuges employés, le harcèlement crée un malaise entre la personne harcelée et le cadre dans lequel elle évolue. Son ennemi n'est plus une personne mais bien une situation, ce qui rend le harcèlement d'autant plus pervers et difficilement prouvable.

— « Qu'entendez-vous par "harcèlement" ?
— *Il y a harcèlement si l'on m'empêche de faire mon travail convenablement.*
— *Par quels moyens ?*
— *J'ai tellement de travail à fournir qu'il m'est impossible de le finir, et c'est comme ça tous les jours.*
— *Dans quel but vous harcèle-t-on ?*
— *Pour que je quitte mon poste d'assistante de direction car, paraît-il, je reviens trop cher à l'entreprise.*
— *C'est donc un souci économique qui pousse votre entreprise à vouloir se séparer de vous ?*

— Oui, et ils ne veulent pas me licencier car ils devront payer des charges. Du coup, ils veulent que je démissionne et pour ça ils me font devenir folle !
— Pourquoi folle, si vous êtes consciente de leur manipulation ?
— Parce que j'arrive à me dire que je suis nulle !
— Dans quel sens ?
— Je n'ai plus de reconnaissance. Tout ce que je fais est mal fait…
— Pourrait-il en être autrement ?
— Non, hélas. Je perds confiance en moi. J'ai l'impression d'être nulle.
— Est-ce exact ?
— Je ne sais plus… »

L'intention qui pousse le harceleur à agir de la sorte n'est pas gratuite. Elle correspond à ce qui lui semble juste, soit au travers d'un intérêt personnel, soit d'un intérêt de groupe, comme dans le cas d'Edwige.

Dans *Le Prince*, **Machiavel** réactualise la notion de « Raison d'État » mise en place des siècles plus tôt par les Romains. Par elle, le prince ne doit reculer devant rien pour le bien de son royaume, quitte à outrepasser les règles morales. Celles-ci ne doivent être prises en compte dans le choix politique.

En ce sens, le philosophe italien propose un gouvernement politique dont les décisions ne seraient tranchées qu'en fonction de la situation effective traversée. Autrement dit, rien d'autre que les nécessités de l'État ne doit être pris en compte dans la politique du prince. S'éloigner de cette voie-là revient pour Machiavel à risquer l'équilibre de l'État au profit de décisions prises sur des critères inébranlables, en totale inadéquation avec les changements de l'existence.

En ce sens, le cas d'Edwige peut se comprendre comme un exemple du machiavélisme ; elle est victime pour une raison qui la transcende : le bien-être de l'entreprise auquel elle est sacrifiée.

Toutes les sphères de la vie contaminées

Lorsque Edwige parle de son manque de reconnaissance, c'est qu'effectivement la manœuvre harcelante qu'elle subit tente de réduire ses compétences dans le seul but de la voir démissionner.

Le décalage entre les tâches qu'on lui donne à remplir et ce qu'elle peut fournir lui fait sentir son incompétence au sein de son activité et, par extension, atteint les autres pans de son existence.

En effet, un individu est une entité aux multiples facettes. Edwige emporte chez elle les soucis de son travail. Par là, le harcèlement ne se limite pas à la sphère professionnelle mais se ramifie dans toutes les autres sphères de la vie. La jeune femme en fait d'ailleurs mention dans son discours.

– « *Ma vie de couple bat de l'aile car je suis sur les nerfs en permanence.*
– *Votre vie privée est donc atteinte ?*
– *Oui !*
– *Pourtant il ne s'agit de harcèlement qu'au sein de votre travail…*
– *Mais je perds confiance en moi. Je souffre et tout en pâtit.*
– *Pourquoi ne quittez-vous pas votre emploi alors ?*
– *Parce que c'est injuste !*
– *Le fait de céder à leur harcèlement aurait-il plus de conséquences néfastes que d'y faire face ?*
– *Je pense…*
– *Pourquoi ?*
– *Parce j'aurais l'impression de perdre alors même que j'ai droit à mon licenciement !* »

Une impossible négociation

Le harcèlement a pour origine des intérêts diamétralement opposés. Deux entités combattent pour gagner la partie ! Si l'entreprise pour laquelle travaille Edwige est désireuse de la voir démissionner, la jeune femme ne veut en aucun cas abandonner l'idée d'être licenciée.

Cette opposition débouche sur une impossible négociation. Ne pouvant plus communiquer, les deux parties se battent avec les armes dont elles disposent. D'un côté l'entreprise, sous la forme d'un ou plusieurs individus, s'évertue à « pousser à bout » Edwige en la contraignant à travailler plus qu'elle ne le peut, tandis que de l'autre la jeune femme lutte pour répondre à leurs attentes afin de leur démontrer qu'ils ont tort.

Même si le combat semble déséquilibré, il n'en reste pas moins présent en ce que les deux parties essaient de se faire plier mutuellement. En ce sens, le manque de confiance en elle qu'Edwige ressent ne peut s'entendre que par l'inégalité des armes avec lesquelles elle se bat contre son entreprise.

La perte de confiance ressentie par le harcelé ne peut-elle pas s'évaporer lorsqu'il s'aperçoit qu'on veut se débarrasser de lui ? La gêne financière que représente Edwige pour son entreprise ne la fait-elle pas exister en tant qu'être ? Le fait que l'entreprise puisse mener un combat contre elle ne pourrait-il pas rassurer ce qu'elle est ? Comment pourrait-elle parvenir à retrouver confiance en elle ?

Peut-on et faut-il combattre le harcèlement ?

Faire tomber le masque

Si le harcèlement est condamné par le droit du travail, c'est qu'il est un dernier recours à un projet non envisageable de manière légale. Il est une décision que l'on veut faire prendre à autrui sans pour autant en prendre la responsabilité.

Edwige se retrouve face à un ennemi qu'elle ne peut affronter par d'autres moyens que ceux qui sont à sa disposition : continuer à encaisser les coups en attendant que son entreprise abdique devant tant d'acharnement de sa part. Le problème qu'elle rencontre est le contexte fuyant que génère le harcèlement. En effet, la pression sous-jacente que suscite le nombre trop important de tâches qu'on lui assigne ne lui permet pas de voir son ennemi en face.

Face à la mauvaise foi, ce mensonge connu de tous mais que renie l'auteur, Edwige prend conscience du danger qu'il y a à se perdre dans un tel non-dit.

– *« Avez-vous parlé de ce problème avec vos supérieurs hiérarchiques ?*
– *Mais c'est eux qui cautionnent tout ça !*
– *Êtes-vous face à un mur ?*
– *Complètement !*
– *Vous savez donc par quel moyen ils veulent que vous atteigniez leur but ?*
– *Oui.*
– *Pourquoi, dans ces conditions-là, dites-vous que vous êtes nulle ?*
– *Parce que c'est dur à supporter.*
– *J'en suis persuadé mais n'est-ce pas reconnaître qu'ils ont raison ?*
– *Sans doute… »*

En ce sens, le harcèlement, comme toute forme de relation, est le fruit d'une interaction entre deux parties ; si le harceleur existe, c'est que le harcelé lui répond. C'est une relation d'ordre tautologique, c'est-à-dire qui se suffit à elle-même tant que les deux éléments se répondent. En revanche, si l'un d'eux se porte indifférent à l'autre, la relation cesse immédiatement. Chacun a essentiellement besoin de l'autre pour exister.

Prendre de la distance pour prendre conscience

Si une telle démarche semble extrêmement difficile dans le cas du harcèlement que subit Edwige, elle n'en est pas moins essentielle à sa reconstruction. Si la personne ne prend pas de distance avec le harcèlement dont elle est victime, elle devient non plus harcelée mais endosse véritablement les reproches qu'on lui formule.

Lorsque Edwige se définit comme « nulle », elle légitime ce qui lui arrive comme en étant l'entière responsable. En revanche, le fait de se définir en tant que harcelée lui permet non seulement de différencier ce qu'elle est d'avec ce qu'elle subit, mais également de prendre conscience de l'attaque menée contre elle.

La prise de distance entre ses compétences et l'entrave qui leur est faite est essentielle à Edwige. Sans cette distinction entre l'être et son environnement, l'individu se perd dans ce qui n'est pas de son ressort. Ce n'est que par ce biais que la jeune femme pourra prendre les décisions les plus bénéfiques pour elle, consciente de la difficulté que recèle toute forme de combat.

Décider, c'est être libre

Quel que soit le choix pour lequel Edwige optera – insister dans sa lutte par les moyens qui sont les siens ou quitter son poste tant la pression exercée sur elle mine tous les pans de son existence – sa décision ne devra être prise qu'en fonction de son propre intérêt, au-delà de celui de son entreprise. On rejoint ici, une fois de plus, la **responsabilité sartrienne** : chaque individu prend conscience de sa propre liberté.

L'homme n'est jamais autant lui-même que lorsqu'il s'introduit dans le monde par sa propre initiative. En d'autres termes, si Edwige décide de se battre contre un adversaire conscient du manque légal de son harcèlement, traduisant ainsi son erreur, elle reprend le pouvoir sur la volonté adverse de la réduire à néant.

Par exemple, pendant la Seconde Guerre mondiale, des juifs ont résisté, les armes à la main, contre le nazisme au cœur même du ghetto de Varsovie. Ils ont non seulement fait preuve de courage mais ont surtout regagné ce que certains ont tenté de leur voler : l'humanité.

En ce sens, faire acte de résistance, quelle que soit la situation, c'est reconnaître son être avec autant de **légitimité** que je reconnais autrui. La différence d'intérêt que connaît Edwige face à son entreprise se trouve être la clé de voûte de tout ce qu'elle subit.

Elle a la certitude d'être dans le juste. Abandonner la partie comme la continuer ne doit être envisagé qu'au vu de ce qui lui semble être la meilleure solution quant à ses intérêts, financiers ou personnels.

Épilogue

Se reconnaître en tant que harcelé est déjà une première étape vers la reconnaissance de soi-même et pour regagner la confiance en soi que l'autre essaie d'ôter. Appréhender mon être comme distinct de ce qu'on lui fait subir est essentiel à la non-atteinte de ce que je suis : je ne suis pas ce que je subis. La décision sera prise par une personne capable de décider ce qui est le plus avantageux pour elle. Sans cette prise de distance entre l'individu et la situation subie, un risque d'amalgame est possible : je ne suis pas ce qu'autrui désire. Si l'autre prend possession de moi, me pliant à sa volonté, je deviens sa chose. Pour établir un parallèle avec la dialectique du maître et de l'esclave (Hegel), le harceleur n'existe que si harcelé il y a. À partir du moment où le harcelé décide de se débarrasser de sa condition et d'entrer dans le combat, le harceleur de fait perd de son pouvoir.

Harcèlement au travail : comment sortir de la victimisation ?

Quelques questions à se poser

Pensez-vous être victime de harcèlement et pourquoi ?

Vous sentez-vous coupable d'une telle attitude à votre égard ?

L'image que vous avez de vous-même est-elle différente de celle que le harceleur vous attribue ? En quoi sont-elles différentes ?

Qu'est-ce qui vous empêche de vous battre ?

Jusqu'où puis-je aller dans mes responsabilités ?

Jeune cadre dynamique, Christophe affiche, lorsqu'il entre dans mon cabinet, un sourire très commercial, laissant facilement transparaître l'importance qu'il porte à son apparence et à l'opinion que les autres se font de lui. Responsable d'équipe au cœur d'une grande enseigne de distribution depuis six ans, il s'est vu proposer un poste au sein de la direction des ressources humaines de son entreprise. Conscient de la confiance que celle-ci lui porte et de l'augmentation salariale qui en découlerait, il hésite à rendre sa décision, les responsabilités incombant à sa nouvelle fonction lui faisant peur tant sur le plan professionnel que sur le plan privé. Il m'expose les querelles à répétition qu'il a avec sa compagne, les reproches qu'elle lui fait lorsqu'il rentre trop tard ou qu'il ramène du travail à la maison.

Au sein de l'activité professionnelle, les responsabilités sont généralement appréhendées comme source de **valorisation** de la personne à qui elles sont confiées. Preuve de confiance, elles permettent à l'individu de se renouveler au sein d'une fonction plus importante et de satisfaire son besoin de reconnaissance. En ce sens, l'évolution professionnelle tend à conduire l'individu vers plus d'épanouissement personnel. Il est pourtant des cas où une promotion peut conduire à des questionnements quant à l'équilibre entre les attentes privées de la personne et ce que son activité professionnelle lui propose. Entre la satisfaction que recèle une évolution professionnelle et les conséquences que ce changement pourrait avoir dans la vie privée, le choix n'est pas toujours facile à faire. Une telle décision conduit à mener une réflexion sur la nature de son bien-être et les chemins qui peuvent y conduire. C'est dans ce cadre-là que Christophe a pris la décision de s'interroger sur le sens de son activité professionnelle et quelles sont ses véritables motivations dans la vie. Sous pression, il semble ne plus arriver à discerner les enjeux et surtout les conséquences du choix qu'il s'apprête à faire. Il accueille les arguments de sa compagne et ceux de ses supérieurs hiérarchiques avec la même attention et semble adhérer aux conclusions des deux « camps », ce qui ne l'aide guère à choisir l'un d'eux.

- Quel est le sens de la notion de responsabilité ?
- Comment puis-je définir mon bien-être ?
- Quelle place occupe mon travail dans ma vie ?

Les responsabilités professionnelles épanouissent l'homme

Besoin de responsabilité, besoin de reconnaissance

Si la fonction première de l'activité professionnelle est le gain financier, la seconde est bien l'épanouissement qu'elle procure lorsqu'elle correspond à un plaisir générateur d'investissement personnel et, par extension, de résultats significatifs au sein de son travail.

Pour **Marx**, l'homme se réalise dans son travail : il apporte une part de ce qu'il est. Car, contrairement à l'abeille la plus experte qui construit sa ruche, l'architecte le plus mauvais construit un plan dans sa tête avant de le concrétiser. Il y a pour le philosophe allemand une extension par le travail entre la pensée et son résultat matériel.

De cet investissement, découle une reconnaissance de l'individu qui se concrétise par plus de responsabilités. Cette marque de confiance procure une satisfaction personnelle et un engouement supplémentaire pour la nouvelle fonction à remplir.

– « *Que représente pour vous plus de responsabilité au travail ?*
– C'est gratifiant. C'est une forme de reconnaissance.
– *Cette reconnaissance répond-elle à un besoin conscient ?*
– C'est-à-dire ?
– *Éprouvez-vous le besoin d'être reconnu au sein de votre activité professionnelle ?*
– Oui et c'est normal je pense.
– *Existerait-il un seuil de responsabilités à partir duquel vous n'éprouveriez plus ce besoin de reconnaissance ?*
– Je ne sais pas…
– *Serait-ce un besoin que vous ne pourriez rassasier ?*
– Peut-être. »

Se rendre indispensable, c'est révéler sa singularité

Par le biais de cette confiance et par l'importance que le groupe lui confère, le bénéficiaire va se sentir davantage inclus dans la société au sens large puisque l'**interaction** unissant les hommes entre eux génère une hiérarchie où chaque place a une valeur particulière.

Que ce soit dans les domaines économique, politique, scientifique ou autres, les responsabilités sont souvent synonymes d'élévation sociale (et de gains financiers).

En ce sens, avoir des responsabilités et plus de reconnaissance donne l'illusion d'être irremplaçable. Le besoin d'être reconnu comme étant capable d'assumer de nouvelles fonctions rassure Christophe sur sa valeur sociale qui est la marque de sa singularité.

– « *Pourquoi avez-vous une telle avidité de responsabilités, pensez-vous ?*
– Parce que peut-être c'est plus de pouvoir sur les autres…

– *Lui aussi peut-il avoir une fin ?*
– *Je ne sais pas...*
– *Même si le pouvoir en question a des résonances néfastes dans la sphère privée ?*
– *Je sais bien. C'est le gros problème. Comment allier les deux ?*
– *De la manière qui vous semble la plus juste... »*

C'est parce que je suis unique que je peux bénéficier d'une telle promotion. En effet, si la proposition est faite à Christophe, cela signifie bien que d'autres ont été jugés moins aptes que lui à remplir cette nouvelle fonction. L'état concurrentiel dans lequel les différents candidats sont mis fait davantage ressentir à Christophe l'importance qualitative de sa personne.

Quand la vie professionnelle piétine la vie privée

La prise en charge de nouvelles responsabilités dépasse la sphère professionnelle car le gain de confiance ainsi que l'augmentation de salaire découlant de manière générale de toute promotion induisent des changements d'ordre privé.

Pour **Nietzsche**, le travail salarié n'est qu'une entrave aux désirs de l'homme, à son goût de l'indépendance. En ce sens, il lui apparaît comme « *la meilleure des polices* ». Il y a chez le père de *Zarathoustra*, une réelle conception **aliénante** de l'activité rémunérée en tant qu'elle enferme l'homme dans l'impossibilité de se réaliser jusqu'au bout de lui-même.

Christophe tirera au quotidien des bénéfices de sa nouvelle situation professionnelle, à la fois en termes financiers et en termes de reconnaissance dans la sphère privée.

C'est justement dans cette sphère privée que Christophe semble avoir le plus de difficulté à gérer sa carrière professionnelle. Face à une épouse peu désireuse de le voir accepter cette nouvelle fonction, le jeune homme mesure l'impact qu'une telle acceptation pourrait avoir sur sa vie de couple.

- « Justement, je ne sais pas ce qu'il faut que je fasse.
- Réfléchir sur les responsabilités d'ordre privé que sont les vôtres ?
- C'est-à-dire ?
- À l'instar de votre réussite professionnelle identifiée selon des critères précis, sur quelles valeurs pourriez-vous indiquer votre réussite privée ?
- C'est plus compliqué...
- Pourquoi ?
- Parce que c'est plus personnel et que ça ne dépend que de nous...
- Raison de plus pour y réfléchir davantage car personne d'autre que vous ne pourra vous apporter une réponse. »

Si nous inversions le problème que rencontre Christophe en nous demandant de quel ordre sont ses responsabilités extra-professionnelles qui ne bénéficient d'aucun cadre hiérarchique ? Quel impact les responsabilités privées ont-elles sur le domaine professionnel ?

Opter pour quelles responsabilités ?

Quel sens trouvons-nous à nos vies ?

Si l'activité professionnelle a comme fonction première de subvenir à nos besoins privés, le but de la sphère privée est beaucoup plus flou. Jusqu'alors, la religion servait de guide aux hommes. Ils savaient quels étaient leurs devoirs, de quelle manière ils devaient vivre et quel était le but de leur existence : répondre aux attentes morales et religieuses qui leur avaient été transmises.

Le recul de la croyance religieuse, la revendication du plaisir, de l'épanouissement personnel brouillent davantage les cartes qu'ils ne les éclaircissent. Quel est le but de la vie ? Qui devons-nous suivre afin de savoir quoi faire et pourquoi ? La tâche est ardue car elle jette sur nos vies la question du sens.

Le cadre existant à l'intérieur du travail délimite notre fonction, nous assigne les tâches à accomplir, nous complimente par différentes voies ou nous avertit si le travail ne correspond pas à ce qui en était attendu. La vie privée est dénuée de tout cadre. Tous les possibles se présentent à nous, nous laissant dans l'embarras d'un **choix** cornélien : quel chemin emprunter afin de trouver le bonheur ?

Où se trouve la vraie réussite ?

Dans cette perspective-là se trame une profonde inégalité entre le sens à l'intérieur du cadre professionnel et le sens à l'intérieur du cadre privé.

Le premier bénéficie d'une structure déjà mise en place alors que le second est à construire selon ses propres besoins qui sont bien plus nombreux qu'auparavant. La société de consommation, l'univers de plaisirs qui nous est présenté, créent une multitude de besoins qui semblent diluer l'impact du sens sur nos vies.

D'où le malaise que ressent Christophe, pris entre les arguments des deux mondes qui partagent sa vie. D'un côté il entend parfaitement bien les propos de sa compagne, et de l'autre il comprend parfaitement les avantages qu'une telle promotion pourrait lui apporter au sein de son travail.

– « *Pour quelles raisons serait-ce plus difficile d'évaluer la réussite de sa vie privée que de sa vie professionnelle ?*
– *Parce que les chiffres sont parlants.*
– *Qu'est-ce qui dans la vie privée pourrait être aussi parlant que des chiffres afin d'en apprécier les résultats ?*
– *Justement, c'est difficile à trouver. En termes de bien-être peut-être…*
– *C'est-à-dire ?*
– *Je veux me sentir bien dans ma vie privée.*
– *Le fait d'accepter ce nouveau poste pourrait-il nuire à ce bien-être ou, au contraire, pourrait-il lui être bénéfique ?*
– *Si mon épouse me suivait, je pourrais accepter…*

— Qu'est-ce qui vous empêche d'agir seul ?
— Je vis avec elle !
— Et alors ?
— Et alors son avis est plus important que celui de quelqu'un d'autre !
— Même de votre entreprise ?
— Oui. »

L'existence n'est que prise de risque

Tout choix à prendre contient une part de risque. On ne peut jamais connaître exactement les conséquences d'un choix, il y a toujours une part d'incertitude. Sans la prise de risque, cette angoisse due à l'impossible connaissance du monde dans son intégralité paralyserait l'individu dans son être ; aucune action ne serait alors envisageable.

En revanche, se lancer dans le choix, fonder sa décision sur la réponse qui nous semble la plus à même de nous faire bénéficier des meilleures conséquences, nous permet de ne pas rester figé dans l'indécision et d'exister ainsi davantage socialement.

En ce sens, le risque est le moyen par lequel je m'inscris d'emblée dans le monde. Vivre est déjà en soi un risque : celui de mourir. Si l'on n'affronte pas l'incertain, la **découverte de soi** reste impossible.

En inscrivant son choix dans le problème qui l'inquiète, Christophe devra assumer sa décision. Choisissant la solution qui lui semble la plus appropriée, il en récoltera les bénéfices et les inconvénients.

Mais il faudra aborder les inconvénients sans se positionner en victime. Au contraire, se dire qu'il y en aurait eu davantage si le choix avait été autre. Être responsable de ses choix, assumer le risque encouru, c'est être maître de son existence et être capable d'avancer.

Épilogue

Le choix que Christophe doit faire s'inscrit dans un rapport de rivalité entre deux pans de sa vie, privé et professionnel. La décision est délicate car elle aura nécessairement des répercussions négatives sur l'un d'entre eux. Il s'agira donc pour Christophe d'évaluer les conséquences d'une telle décision et d'accepter de prendre des risques. Car l'existence n'est que prise de risque : risque de se tromper, risque de tout perdre, risque de se retrouver seul et risque de mourir. Quoique le dernier d'entre eux soit certain, il est celui qui devrait faire le moins peur car nous n'y pouvons rien. Il en va pourtant de même pour certaines conséquences de nos actes. Affronter les futures difficultés de la vie en laissant de la place aux imprévus et en acceptant les risques est sans doute le seul moyen d'en avoir moins peur.

———————— Quelques questions à se poser ————————

Réfléchissez-vous toujours aux conséquences de vos actes ?

Intégrez-vous l'idée que le risque est inhérent à la vie ?

Vous connaissez-vous assez pour savoir ce qui est bon pour vous ?

L'argent me représente-t-il ?

*Stéphanie est informaticienne. Célibataire, elle préfère faire des économies plutôt que de dépenser son argent en sorties, voyages ou décoration pour son appartement. Le peu d'amis qu'elle semble avoir lui font des reproches quant à sa difficulté de les inviter, ne serait-ce que pour prendre un café. De ce fait, elle commence à ressentir la solitude dans laquelle la peur de manquer d'argent la renvoie. Consciente que les rapports qu'elle a avec l'argent dépassent largement la simple valeur d'**échange** qu'il représente et sont à même de l'éloigner d'une vie qu'elle voudrait épanouissante, elle décide de s'interroger sur la nature et la fonction de l'argent.*

Au-delà de la fonction première d'échange qui lui est attribuée, l'argent devient un profond symbole de sécurité, de réussite sociale et de pouvoir. Il permet non seulement l'acquisition de biens matériels mais aussi et surtout une certaine forme de reconnaissance due à la fascination que procure la possibilité d'avoir ce que l'on désire. Et l'argent en tant que possibilité d'acquérir plus que ce dont on aurait besoin est sans cesse renforcé par une société créant davantage de besoins. La crainte de ne pouvoir y répondre rend le pouvoir de l'argent d'autant plus fort. Aurait-on peur de manquer de ce dont on n'a pas **besoin** ? Si la formule semble paradoxale, elle n'en est pas moins juste. Lorsqu'on voit les gains astronomiques que proposent les différents lotos de La Française des Jeux, ne peut-on se demander à quoi pourraient bien servir 68 millions d'euros à la personne qui les obtiendrait ? Répondre à de réels besoins ou à la peur de ne pouvoir assouvir des besoins non existants ? Le désir de Stéphanie d'accumuler de l'argent se fait au détriment de sa vie sociale et de son bien-être. Elle préfère apparemment prendre en compte ses nécessités futures plutôt que celles actuelles. Cette projection dans un avenir pour lequel elle économise sclérose ce qu'elle est au profit de ce qu'elle sera. Il y a là un renoncement aux besoins réels face à ceux qui ne sont pas... La réflexion qu'elle entreprend face au concept de l'argent révèle plusieurs questions auxquelles elle essaiera de répondre.

- Qu'est-ce que l'argent ?
- Que représente-t-il pour moi ?
- À quels besoins répond-il ?
- Quelle valeur me confère-t-il ?

Qu'est-ce que l'argent ?

L'argent comme moyen d'échange

L'argent rend plus pratiques les transactions que le troc lorsqu'il s'agit de biens trop importants à échanger. Il laisse une liberté de choix face aux différents biens que l'on peut acquérir et permet d'anticiper, lorsqu'on en dispose, les futurs besoins à satisfaire.

L'interdépendance économique à laquelle nous sommes rattachés donne à l'argent un pouvoir supérieur à sa seule fonction d'échange. Par les inégalités qu'il engendre, une échelle hiérarchique basée sur la capacité de répondre en termes de quantité et de qualité à des besoins renouvelables s'installe entre les membres de la société.

L'argent comme vecteur social

L'argent devient alors un moyen de s'affirmer face aux autres. L'argent comme susceptible d'acquérir d'éventuelles acquisitions permet de marquer sa puissance au travers du statut social. Par son intermédiaire, l'individu affirme sa présence au sein de la société. L'argent confère ainsi un caractère indispensable à celui qui en a dans la mesure où il est susceptible de pouvoir le redistribuer par les moyens qu'il choisira.

En ce sens, de simple moyen d'échange, l'argent devient symbole d'une double puissance. Puissance sur les choses et puissance sur les hommes.

Prêt à tout pour de l'argent ?

Si l'origine de l'argent se trouve dans un effort de praticité d'échange, cette même praticité a un revers : tout devient **monnayable**. L'argent n'apparaît plus comme représentant tel bien ; tel bien représente une somme d'argent.

La possibilité de tout traduire en valeur monétaire fait que tout peut être négociable. On peut ainsi assister à des ventes d'organes humains ou au « *snuff movie* », où des hommes acceptent que l'on filme leur mort contre une forte somme d'argent versée à leur famille...

Les limites de l'argent

La satisfaction de combler un besoin ne tarit plus le désir de posséder, non pas d'autres biens, mais le moyen d'y arriver. La concrétisation que l'obtention d'un bien procure n'est pas à même de freiner le désir d'en acquérir d'autres. L'argent se trouve ici comme moyen de répondre à l'hypothétique.

— *« Que représente l'argent pour vous ?*
— *Un moyen de pouvoir être à l'abri.*
— *Vous n'y êtes pas ?*
— *Si, mais je pourrai un jour ne plus l'être et en avoir besoin.*
— *Anticiperiez-vous un besoin que vous n'auriez pas ?*
— *Oui.*

– À quel genre de besoins faites-vous allusion ?
– Des besoins matériels…
– Vous êtes-vous fixé une limite au-delà de laquelle vous estimez ne plus être dans le besoin ?
– Je ne sais pas…
– Jusqu'à la mort ?
– Non, avant !
– Quand donc ? »

Si l'individu ignore la nature de ses futurs besoins, l'argent semble poursuivi sans but de concrétisation précis. On se trouve alors face à l'argent entendu comme fin et non plus comme moyen. Il devient sa proche recherche. Cette quête du but à l'intérieur de ce qui n'est qu'un moyen ne peut trouver une fin qui ait pu justifier tant de peine.

Lorsqu'il est recherché en tant que fin, c'est-à-dire non légitimé par des besoins existants, l'argent emprisonne-t-il l'homme dans une recherche vide de sens ? Ne l'enferme-t-il pas dans une chosification au sein de laquelle son propre argent lui donne un prix ?

La valeur de l'être

Le jugement monétaire

L'argent, ayant dépassé sa fonction première, change le regard porté sur l'humain en termes de **valeur**. Par le biais de l'activité professionnelle comme principal moyen de gagner de l'argent, la personne devient une compétence dont la valeur dépendra de sa rareté.

Dès lors, ce que je vais posséder représentera la valeur de ce que j'apporte à la société. Ce que je vaux s'exprime par ce que j'ai. Et même si mes biens matériels ont des limites, je peux par l'argent les repousser, exprimant ainsi aux autres ce que je pourrais avoir même si je n'en ai pas besoin.

Par les différentes possibilités d'acquisitions que l'argent me permet, je me chosifie sans m'en apercevoir : je deviens ce que je pourrais avoir.

« J'ai, donc je suis »

Lorsque **Diogène**, philosophe grec, reçu d'**Alexandre le Grand** la possibilité d'obtenir ce qu'il désirait, celui-ci lui répondit de se déplacer légèrement afin qu'il puisse ne plus le cacher du soleil… Le fait de revendiquer son être autrement qu'en lui imposant une quelconque valeur monnayable fit exister Diogène comme essentiel à lui-même. Il ne se réduit pas à ce qu'il a mais s'affirme par ce qu'il est.

La nécessité d'affirmer son être par ce qu'il possède le réduit à ce qu'il a. Le monde extérieur délimite les frontières de l'être par l'impact qu'il a sur lui. De ce fait, il emprisonne l'homme dans une **idéalisation** du matériel et l'égare au sein d'un univers qu'il ne peut entièrement maîtriser.

— *« En fait, c'est la peur de manquer qui me fait économiser.*
— *Vos économies vous rassurent donc.*
— *Oui.*
— *Votre bien-être dépend-il de leur consistance ?*
— *Aussi…*
— *Leur seriez-vous réduite ?*
— *Sans doute… »*

Le contrôle qu'il veut avoir sur le monde en comblant des besoins qui n'existent pas encore conduit l'individu à une dépendance qu'il ne peut contrôler. C'est ainsi que durant la crise de 1929 aux États-Unis, bon nombre de personnes se suicidèrent lorsqu'elles perdirent leur argent en Bourse. Que cela signifie-t-il ? Que la croyance en la corrélation entre ce que j'ai et ce que je suis est tellement forte qu'elle pousse celui qui n'a plus rien à s'éteindre en même temps que l'extinction de ses biens ?

Des besoins muables selon les circonstances

De ce fait, sans précision de buts à atteindre, la volonté de posséder ce dont on n'a pas besoin revient à s'identifier à l'objet monnayable. Sans différenciation entre ce que j'ai et ce que je suis, il y a risque de dévalorisation lorsque je n'arrive plus à rentabiliser financièrement les compétences que je possède, causant alors un amalgame entre la perte de biens et celle de mon être.

– *« Votre avenir vous prive-t-il aujourd'hui ?*
– *Disons que je ne fais pas certaines choses pour économiser.*
– *À vos dépens ?*
– *Quelquefois…*
– *Quel est le risque pour votre avenir ?*
– *Celui de me retrouver un peu seule.*
– *Dans quels besoins vous retrouveriez-vous ?*
– *Un besoin peut-être affectif…*
– *Y aurait-il des besoins non monnayables ?*
– *Oui. »*

De plus, c'est figer le besoin au-delà des circonstances qui le font naître. En effet, selon les conditions de vie dans lesquelles nous pourrions tous nous retrouver, les besoins évoluent et changent en conséquence. En temps de guerre, la nécessité de répondre aux besoins les plus vitaux est plus grande qu'en temps de paix. La notion de besoin est muable au fil du temps et des conditions dans lesquelles nous évoluons.

La création publicitaire de nouveaux besoins les fait rendre indispensables et l'impossibilité de les assouvir renvoie à une frustration et à une dévalorisation de l'être en ce qu'il n'a pas ce dont il a été persuadé d'avoir besoin.

Est-il possible dans cette perspective de protéger l'être submergé par son environnement monétaire ? De quelle manière concilier la quête de nouveaux besoins et la distance par rapport à l'argent qui les obtient ?

« *Cogito ergo sum* »

Rester mettre de soi par le doute

Dans son *Discours de la méthode*, **Descartes** expose une méthode afin de remettre en cause toutes les certitudes que nous pouvons avoir : le doute hyperbolique. Par ce terme, il entend la remise en cause de tout ce que je sais. Ce renoncement au savoir induit par le doute lui permet d'avoir une seule certitude : le fait que je pense.

Par là, il déduit l'existence humaine. Son « Je pense, donc je suis » permet de restituer l'homme au cœur de ce qu'il est : un être conscient dont le monde va dépendre de sa perception et de son interprétation.

En ce sens, il ne peut se réduire à l'assouvissement de ses besoins, même si l'amélioration de ses conditions de vie le conduit perpétuellement vers l'élaboration de nouveaux besoins. Il ne se confond cependant pas avec eux. Par la conscience qu'il a de lui, il peut se définir en tant qu'unique, irréductible à autre chose qu'à lui-même.

Différencier l'être et l'avoir

Le fait de me différencier de ce que j'ai, génère une prise de conscience de ce que je suis et me permet de me recentrer sur les réels besoins que sont les miens. Je ne peux pas être autre chose qu'un être humain appartenant à mon époque et désirant ce que mon temps me propose mais je puis ne pas me réduire à ce qu'il me soit possible de posséder.

— *« Quelle serait en ce sens la limite de votre argent ?*
— *Dès qu'il touche aux rapports affectifs, avec les amis, la famille…*
— *Par là, quelles conséquences vos restrictions pourraient-elles avoir ?*
— *Celles de me désocialiser, je pense.*

– Des genres affectif ou matériel, quel serait celui dont le besoin vous semblerez le plus nécessaire ?
– L'affectif... »

Entre les choses qui sont existent des relations d'**appartenance**. Cette relation se situe entre les êtres et non pas en eux. Si j'ai une maison, ça n'est que pour un temps. Il y a dans la possession une fugacité que l'être ne connaît pas. L'être humain ne peut se quitter que par la mort. S'il est en perpétuel changement tout au long de sa vie, il reste cependant le même par le seul fait qu'il ne se quitte pas. Je peux perdre ma voiture mais pas ce que je suis.

L'homme, dans ce qu'il a de pensée, de souvenirs, d'émotions, d'histoires est lié à lui de façon intrinsèque. Les changements de vie que nous pouvons connaître sont qualifiés de changements parce qu'ils appartiennent à la même personne. Sans cet être inébranlable, point d'évolution possible.

La question de l'argent reste ici une notion nécessaire à l'épanouissement de l'homme en tant que moyen d'assouvir ses besoins mais non essentielle car elle fait partie d'un monde contingent, celui de la vie, irréductible à la volonté humaine et surtout inapte à répondre aux questions existentielles que nous nous posons.

Épilogue

La vision que Stéphanie a de l'argent la dépossède d'elle-même, l'enfermant dans la peur de ne pouvoir répondre à d'éventuelles difficultés suscitant d'éventuels besoins. L'argent apparaît ainsi plus en tant que but susceptible de répondre à ses craintes plutôt que comme moyen capable de lui apporter ce dont elle aurait besoin. Oublier la fonction première de l'argent entraîne sa sacralisation et par là même la réduction de l'être à sa valeur financière. M'identifier par ce que je suis et non par ce que j'ai me permet de renouer avec le « qui suis-je ? » cartésien afin de reformuler mes attentes réelles, d'entretenir des relations avec le matériel sans qu'il ne m'envahisse jusqu'à me faire croire que je suis ce que j'ai. Ce détachement permet à l'individu de prendre conscience de ce qu'il est, en portant sur ce qu'il consomme un regard plus distant, en tout cas moins susceptible de le faire souffrir.

———————— Quelques questions à se poser ————————

À quoi vous sert l'argent ?

Identifiez les besoins pour lesquels l'argent est nécessaire et ceux pour qui l'argent ne peut rien.

Jusqu'où et pourquoi économisez-vous ?

V.

Le deuil

Qui suis-je après la mort d'un proche ?

Marc a perdu son père il y a trois ans. Malgré le temps qui s'est écoulé, il n'arrive toujours pas à reprendre goût à la vie. C'est comme, dit-il, « s'il avait perdu une partie de lui ». À 47 ans, il se demande quelle peut être la raison d'un deuil aussi difficile et désire s'interroger sur ce qui reste de la personne endeuillée. N'ayant plus l'impression d'être entier, il perd peu à peu confiance en lui, répercutant son malaise au sein de sa vie familiale et professionnelle. Il ressent une terrible injustice face à la mort de son père, ne peut l'intégrer et n'arrive plus à entreprendre un quelconque projet. Se sentant orphelin, il néglige tout ce qui gravite autour de lui. Nous ne parlerons pas en consultation philosophique de ce que signifie inconsciemment le deuil, mais nous nous attacherons aux concepts d'« être » et de « deuil » afin de comprendre la corrélation qu'il y a entre eux.

La mort d'une personne aimée entraîne celui qui reste dans un profond désarroi. Sa perte résonne en lui comme un membre qui lui aurait été amputé. Apprendre à vivre avec l'absence demande du temps. Il faut que l'être se reconstruise au cœur de cette nouvelle solitude. Alors que les souvenirs sont là, il devient impossible de partager à nouveau des instants de complicité avec l'être perdu et c'est en ce sens que la douleur est insupportable. Il n'est plus dans cette sphère de l'espace-temps où tout est encore possible. Accepter la mort comme faisant partie du cycle de la vie est sans doute le meilleur moyen de la vivre. Garder en soi le sentiment d'injustice inhérent à la perte d'un proche revient à la refuser, à se battre contre l'inéluctable. Les questions que se pose Marc concernent ce qui reste à l'être qui a perdu une partie de lui, la nature du deuil ainsi que des relations éphémères que les hommes tissent entre eux avant de disparaître. Les cérémonies mortuaires dans toutes les sociétés humaines ont en commun le respect de ceux qui sont partis. La volonté de ne pas les oublier est aussi présente dans le deuil qui suit chaque décès. En ce sens, le deuil est le temps nécessaire à la personne restée en vie pour se reconstruire avec l'absence. La réactualisation de l'être en ce qu'il doit se recréer sans la présence de l'être perdu est relative à la personne endeuillée. La force affective qui reliait Marc à son père n'a pas disparu avec la mort de ce dernier. La manière avec laquelle il semble toujours autant heurté par cette terrible mort n'indique-t-elle pas qu'il retient davantage l'absence de son père plutôt que sa présence par l'héritage qu'il lui a transmis ?

- Qu'est-ce que le deuil ?
- Quelles conséquences a-t-il sur les vivants ?
- Que perd-on en perdant un être cher ?
- Que reste-t-il de la personne encore en vie ?

Qu'est-ce que le deuil ?

Nous sommes tous l'enfant de...

La personne apparaît être la somme de tout ce qui la précède. Sans attache, sans tuteur, elle n'est rien. C'est à partir de tout ce qui a été que se construit l'étant (ce qui est en train d'être). L'être humain n'échappe pas à cette règle. L'enfant est l'effet et ses parents la cause. Il y a en chaque homme une multitude de connaissances, d'émotions, de sentiments qui ont été apportés par d'autres individus qui eux-mêmes les ont reçus d'autres.

Cette **chaîne ontologique** crée l'être humain, « animal politique » comme l'identifiait Aristote. Chaque rencontre, qu'elle soit familiale, amoureuse, professionnelle ou autre, est à la source de ce qu'est l'individu qui ne peut être par lui-même, indépendamment de tout rapport avec autrui.

L'enrichissement individuel provient du collectif. Si l'interaction avec autrui n'existe pas, point de société humaine possible. Pour chaque individu, des rencontres différentes en des lieux et des temps différents. Nul ne pouvant avoir exactement le même parcours qu'un autre, l'individualité est possible et même intrinsèquement liée au caractère unique de l'échange. C'est ce que relate Marc lorsqu'il évoque le rôle que son père a eu à son égard.

— *« C'est lui qui m'a tout appris. Sans lui, je ne serais rien.*
— *Non. Sans lui vous ne seriez pas. C'est différent…*
— *Je n'arrive plus à savoir qui je suis depuis sa disparition.*
— *Vous étiez qui avant qu'il ne parte ?*
— *Le fils de mon père.*
— *Vous ne l'êtes plus ?*
— *Si !*
— *Qui étiez-vous alors ?*
— *Je n'étais pas seul. Il était là.*
— *Vous reste-t-il quelque chose de ce qu'il vous a appris ?*
— *Tout ! »*

L'amour en héritage

Marc met le doigt sur un point essentiel : l'**héritage**. Il n'est pas une rencontre qui n'enrichisse la personne. Au-delà du jugement éthique qui détermine la valeur de la rencontre et des conséquences qu'elle aura pour le bénéficiaire, elle construit l'individu et fait partie intégrante de ce qu'il est.

La disparition même d'un être proche apporte irrémédiablement la connaissance du manque qu'elle laisse derrière elle. En ce sens, la rencontre avec la mort s'inscrit d'emblée dans le patrimoine ontologique de la personne duquel elle ne pourra se défaire.

Lorsque Marc fait allusion à tout ce que son père lui a appris, il exprime la continuité des relations qu'il a eues avec lui au travers de l'héritage transmis. Par son biais, le père de Marc fait encore partie de lui et, par extension, de ses enfants.

C'est ainsi que les cultures se façonnent et évoluent au gré des générations qui reprennent ce que les précédentes leur ont légué. Ce qui est acquis, que ce soit intellectuellement ou émotionnellement, ne peut disparaître avec la mort de ceux qui en sont l'origine.

– *« Et ce tout, que représente-t-il ?*
– *Mon père…*
– *Est-ce dire que sa disparition physique n'ait rien pu emporter de ce qu'il était ?*
– *Non, il est toujours là.*
– *De quelle manière ?*
– *Dans ce que je pense, ce que je fais…*
– *Dans ce que vous êtes ?*
– *Oui…*
– *Qu'est-ce qui vous différencie de lui ?*
– *J'ai ma personnalité !*
– *Par quel biais l'avez-vous acquise ?*
– *Par la vie que j'ai eue. »*

C'est à la relation entretenue et non à l'être que nous sommes attachés

La connaissance que nous avons d'une personne se fait par l'échange. La relation à autrui est le seul moyen par lequel nous en avons connaissance. En ce sens, ce n'est jamais à l'être que nous sommes attachés mais à la relation que nous entretenons avec lui. La différence est ici essentielle.

Pour **Kant** (dans *Critique de la raison pure*), une distinction essentielle subsiste entre le phénomène et le noumène. Le noumène est l'être de la chose, lequel nous ne pouvons jamais atteindre. Il oppose à cet être le phénomène, ce qu'il nous est permis d'appréhender par l'activité de nos sens et de notre jugement.

Le tissu social, composé d'êtres, se définit ainsi par cette multitude d'interactions à l'origine de chaque développement personnel. Par là, la connaissance d'autrui ne se fait que par le rapport que j'entretiens avec lui. C'est cette relation qu'il m'est donné de connaître mais point la personne.

En ce sens, Marc ne peut connaître son père que par ce qu'il lui a été permis de connaître au travers de la relation. D'une part, il y a ce que le père est et de l'autre ce que Marc est. Entre ces deux êtres, un type de relation se crée dans lequel ils s'interprètent mutuellement, se donnant une valeur subjective.

Il y a dans l'appréhension que nous avons d'autrui, si proche soit-il, une impossible objectivité. Le rapport subjectif que nous entretenons avec lui est le seul moyen que nous ayons pour le comprendre.

Est-ce à dire que dans ce rapport intersubjectif, je ne puis m'attacher qu'à la relation et non à l'être ? Se pourrait-il ainsi que la disparition d'une personne chère ne puisse en rien altérer l'enrichissement de la relation passée ? Pourquoi la douleur dans un pareil cas ?

Comment faire le deuil ?

Se résigner à l'absence de l'être aimé

Lorsque Marc perd son père, il lui reste tout de la relation qu'il a entretenue avec lui. La force de l'interaction entre les êtres, procédant à leur création ontologique, ne peut que rester constante chez les vivants. La mort ne peut en effet annihiler les connaissances transmises. Si cela devait être le cas, nul progrès ne serait alors envisageable. Il y a une mémoire des morts dans celle des vivants.

L'histoire de la vie n'est qu'une **transmission** permanente, intrinsèque à toutes les espèces vivantes, afin de garantir leur survie. En cela, si la mort nous emporte tous un jour, elle ne peut retirer à ceux qui restent ce que nous avons été. Il y a une **postérité** inhérente à tout être. La seule existence des vivants le prouve.

– *« Que représente la mort de votre père ?*
– *Un grand vide.*
– *En quel sens ?*
– *Le fait de ne plus pouvoir partager des instants en sa compagnie.*
– *La tristesse de sa disparition serait-elle liée à cette impossibilité de renouveler les moments passés auprès de lui ?*
– *Oui. Je n'en vivrai plus jamais…*
– *À qui donc s'adresse votre peine ?*
– *À mon père !*
– *Vous ne parlez pourtant que de votre relation avec lui, mais pas de lui…*
– *Et alors ?*
– *Sur qui se porte réellement votre deuil : lui ou son absence ?*
– *Son absence !*
– *Pour qui ?*
– *Pour moi… »*

Si, effectivement, j'éprouve du plaisir à partager des moments de joie, d'intimité avec autrui, sa disparition ne peut qu'entraîner le manque de ces mêmes instants. La peine rencontrée lors de sa perte se fonde sur cette impossibilité à renouer avec un avenir relationnel en sa compagnie.

Faire le deuil de soi

En ce sens, le deuil qui suit chaque perte ne peut être réellement adressé à la personne perdue mais bien à la relation que nous entretenions avec elle. Quel que soit le sentiment qui lui en est attribué, la relation cesse avec la disparition de la personne.

Réapprendre à vivre sans ces échanges revient pour l'être à un devoir de reconstruction afin de rééquilibrer l'absence vécue. L'impression d'avoir perdu une partie de soi est une image bien réelle puisque la composition sociale de l'être se trouve démunie d'un de ses membres. La difficulté se traduit par une profonde douleur face à la perte ontologique qu'il en résulte.

C'est la structure de Marc qui fut ébranlée lors du décès de son père. La relation qu'il ne pourra désormais plus entretenir avec lui le renvoie à un manque avec lequel il faudra apprendre à vivre. Cette nécessité de changement auquel l'être est obligé de se résoudre s'il ne veut pas se perdre, se manifeste pendant la période de deuil où il semble justement impossible à faire. La douleur ressentie est d'autant plus profonde qu'elle touche l'essence même de la personne. Il n'est plus sécurisé. Se sentant davantage seul, il ne peut que regretter l'être disparu, non pour lui mais uniquement pour les avantages qu'il en retirait.

Puis revivre

Le propos peut sembler choquant tant il se trouve aux antipodes de la vision que nous avons de la relation amoureuse dans toute sa gratuité. Il semble pourtant bien que nous n'avons de relations d'amour qu'avec des personnes qui nous apportent ce que l'on estime nécessaire à notre existence.

Sans le retour gratifiant de ce que nous offrons, point d'attachement possible. Par là, on ne s'investit dans une relation que si elle est à même de nous sécuriser, de faire baisser les défenses que nous mettons en place pour nous protéger des dangers.

Ne plus avoir un être qui nous était cher revient à se trouver face à un monde plus hostile. Il faut alors chercher ce qui subsiste en nous, ce qui nous fait être, pour continuer à vivre.

Tout ce que nous faisons souligne cette propension naturelle à aller vers ce qui est le plus apte à notre survie, propension que l'on retrouve également dans le choix des relations affectives.

Épilogue

Si Marc souffre du décès de son père, c'est parce que les échanges qu'ils avaient ensemble n'existent plus, le renvoyant à un manque qui lui paraît vital, indispensable à son existence. Le deuil représente ainsi le temps nécessaire à chacun pour se reconstruire, recomposer son être malgré l'absence. La perte d'une personne chère blesse l'identité de l'individu restant. La relation qui faisait partie de son être n'étant plus, il ne peut qu'être en souffrance dans cet étiolement identificatoire. Il est dès lors essentiel de retrouver en soi ce que l'autre a laissé et de le retransmettre. Rompre tout lien social après un deuil c'est mettre un terme à l'héritage transmis et, par extension, ne plus permettre la postérité de l'être perdu.

Qui suis-je après la mort d'un proche ?

Quelques questions à se poser

Quelle richesse l'être perdu vous a-t-il laissée ?

Comment, à votre tour, pourriez-vous la transmettre ?

Quelle est l'importance de l'échange dans les rapports humains ?

Imaginez-vous ce que serait la vie sans la mort ?

Comment surmonter une rupture amoureuse ?

*Éric arrive dans mon cabinet le pied traînant et la mine fatiguée. Il me certifie avoir le mal d'amour, une folle envie d'en parler. Il ne ferait d'ailleurs que ça : parler de sa blessure. Il ne veut pas raconter sa vie, ni les failles narcissiques que sa relation secoue mais juste s'interroger sur l'**essence** de l'amour, ce qu'il apporte aux hommes et surtout pourquoi il fait si mal. Il désire prendre du recul vis-à-vis de ce sentiment partagé et recherché de tous. Il veut l'analyser, savoir ce qu'il reste de l'être lorsqu'il en est privé, se demander par quoi on peut compenser un amour qui fait mal, si le bonheur ne dépend que de lui. Ses questions partent dans tous les sens et ne lui permettent plus d'y voir clair. Je l'invite à s'interroger sur le concept d'amour ainsi que sur la signification qu'il prend lorsque sa relation d'échange est altérée par l'un des deux partenaires qui n'aime plus. Comment dès lors comprendre les enjeux qu'une rupture amoureuse entraîne ? De quelle manière vivre cette absence affective ?*

Éros chez les Grecs ou Cupidon chez les Romains, l'amour a toujours suscité une fascination sans égale dans l'imaginaire des hommes. Il sécurise en même temps qu'il enchante par le seul fait que la **reconnaissance** de la personne aimée semble suffire à l'aimant pour se sentir pleinement exister. Celle ou celui qui aime est submergé par un profond désir de vie lorsque le jugement que l'aimé porte sur lui répond par un amour réciproque. Leur « étant », c'est-à-dire l'être en tant que reconnu par le jugement d'autrui comme existant socialement, se traduit dans la relation amoureuse par le **manque** que l'absence de l'un procure à l'autre. En ce sens, aimer pourrait apparaître comme une volonté d'être reconnu dans toute sa dimension vitale. Le seul fait de souffrir lorsque l'amour que l'on donne ne reçoit pas d'écho témoigne de sa volonté de recevoir en échange. Sans cette réciprocité affective, la définition que l'on a de soi-même semble toute empreinte du vide ontologique que génère le manque de retour, l'indifférence de l'autre. Du jugement que la personne aimée posera sur l'aimant découlera la définition qu'il aura de lui-même. Par là, l'interaction de jugements que procure l'amour entre deux êtres les fait coexister dans un rapport de reconnaissance mutuelle. Est-il possible, en cas de rupture amoureuse, de reconstruire son être afin de le rendre à nouveau « étant », c'est-à-dire de le réinvestir socialement ?

- Qu'est-ce qu'une rupture amoureuse ?
- Qu'entraîne-t-elle ?
- Qui suis-je en dehors de l'indifférence de la personne aimée ?
- La reconnaissance sociale peut-elle combler ma perte d'« étant » ?

La perte de l'« étant »

Ce que m'apporte l'être aimé

La relation amoureuse entre deux individus leur permet d'appréhender le jugement qu'ils ont l'un pour l'autre comme une totale **acceptation** de ce qu'ils sont en eux-mêmes. La valorisation ontologique qu'induit le partage de ce sentiment projette l'amoureux dans une relation humaine où la reconnaissance qu'offre l'être aimé le fait davantage exister socialement que n'importe quel autre type de relation.

La microsociété que forme un couple de deux personnes ne laisse pas la place à une troisième de venir altérer cet état de symbiose **interactive** où le seul regard de l'autre suffit à ce que mon « étant » soit comblé. Éric décrit très bien ce sentiment d'être comblé par le regard de son amie.

— « *Qu'est-ce pour vous que la relation amoureuse ?*
— *C'est une relation où les deux se suffisent pour exister. On a l'impression de n'avoir besoin de personne d'autre pour se sentir heureux…*
— *C'est-à-dire ?*
— *Elle aime ce que je suis et j'aime ce qu'elle est. C'est la seule personne dont le regard est si important pour moi.*
— *Que vous apporte ce regard ?*
— *Je ne sais pas… il me rassure.*
— *En quoi vous rassure-t-il ?*
— *Euh… sur moi je crois. Par exemple si elle me dit que je suis beau, c'est que je le suis !* »

Se crée alors une indépendance par rapport au groupe qui gravite autour. Qui n'a jamais remarqué un couple d'amoureux donner l'impression de n'avoir besoin de personne ? Ce fait peut s'entendre par la suffisance que leur procure le jugement qu'ils s'offrent mutuellement. Ils existent pleinement au sein de leur amour. La chanson *Hymne à l'amour* interprétée par **Édith Piaf** est parlante à ce sujet : « *Et la Terre peut bien s'écrouler… Que m'importent les problèmes… Mon amour puisque tu m'aimes.* » Dans cet univers que génère la relation amoureuse, le jugement de l'autre n'appartenant pas à la relation n'affecte pas ou peu les amoureux.

L'amour comme perdition

Le danger que représente une telle **autarcie** est que si l'un des partenaires s'éloigne de l'autre, il ne laisse à celui-ci aucun écho de l'amour qu'il donne. La valorisation que le regard de l'être aimé suscitait chez l'aimant disparaît, emportant avec elle la reconnaissance sociale de l'être.

La personne délaissée cesse d'exister dans le monde social qu'elle avait construit à deux. Son « étant » se transforme soudainement en « être », simple fonction vitale dénuée de toute reconnaissance sociale. La rupture, en ce sens, est significative de sentiment de rejet, de dénigrement de l'être social. La solitude en son sens le plus profond atteint alors l'individu dont l'amour n'a plus de retour et qui, de ce fait, ne trouve plus de raison d'être.

C'est la perte du **sens** de sa propre existence qui est touchée en plein cœur. L'épaisseur ontologique que l'amour de l'autre apportait ne laisse plus derrière elle qu'un esprit sans repère, incapable de savoir quelle est sa place dans la société. C'est ce qu'exprime très bien Éric dans son propos.

– *« Sans elle, j'ai l'impression de n'être plus rien, d'avoir tout perdu…*
– *N'être plus rien ?*
– *Oui, plus rien. Je n'ai plus goût à rien. Je me moque de tout. Plus rien ne me touche. »*

La perte de sens

Éric explique la sensation d'avoir perdu tout repère social, de ne plus exister en tant qu'inclus au sein d'un groupe. De là découle nécessairement le rejet de tout. Même si la vie continue au sens physique du terme, la notion de sens, si essentielle à l'espèce humaine dotée de conscience, disparaît subitement. Tout ce que l'autre pouvait représenter pour l'amoureux lui apportait un sens. L'amoureux aimé sait pourquoi il vit. Ses buts sont liés à ceux de l'autre. L'osmose qu'ils créent génère une **réappropriation** du monde car le monde est le support sur lequel ils vont pouvoir développer leur **projet**.

Sans ce retour de jugement que l'amoureux offre à l'aimé comme reconnaissance de son « étant », l'aimé ne peut que se désapproprier un monde dans lequel il ne se reconnaît pas. En quittant sa fonction d'« étant », il redevient simple « être », réduit au monde en tant que chose, incapable d'y participer activement, d'y apporter sa volonté.

Cette perte de contrôle, ce retour à l'état d'« être » rejette tout ce qui serait susceptible d'apporter à la personne qui en souffre un jugement capable de la réinvestir socialement. Lorsque Éric prononce cette phrase : « *Plus rien ne me touche* », c'est bien l'expression d'une insensibilité face à tout ce qui n'est pas celle qu'il aime. L'univers qu'elle représentait et dans lequel il existait ayant disparu, cela l'entraîne lui-même dans sa propre disparition sociale.

Aucun regard n'est capable de lui renvoyer une image socialisante de lui-même. Ne reconnaissant pas la société à l'intérieur de laquelle il évolue, celle-ci ne peut lui servir de miroir dans lequel il pourrait reconnaître son « étant ». L'interactivité entre deux consciences ne peut se faire que lorsque les deux se reconnaissent. L'échange de jugements est essentiel à la vie sociale. Sans lui, point de vie en commun possible.

De quelle manière Éric pourrait-il appréhender autrui comme « étant » et non plus comme « être » incapable de lui renvoyer cette même image ? Comme briser ce cercle vicieux où la non-reconnaissance de l'autre entraîne la sienne ?

La redécouverte de l'« étant »

Autrui comme autre que moi et miroir de ce que je suis

L'autre se définit comme celui qui est différent de moi, étranger à ce que je suis. Autrui n'est pas moi et je ne suis pas autrui. Il est autre que moi autant physiquement que psychiquement. Par cette différence, je me définis par les caractéristiques qu'autrui n'a pas. Grâce à lui, je sais qui je suis par la connaissance que j'en ai.

Lévinas écrit : autrui est « *ce moi que je ne suis pas*[1] ». Il y a chez autrui une dimension troublante car il est moi et pourtant c'est par sa différence que je m'identifie.

---

1. Emmanuel Lévinas, *Autrement qu'être ou Au-Delà de l'essence*, LGF, 2001.

C'est avec **Hegel** que la notion d'autrui apparaît. Il y a chez le philosophe allemand une dépendance ontologique du sujet envers autrui. Il met ainsi en évidence la notion d'intersubjectivité.

Mon identité se forge autour de cette **différence** ontologique. Mon être s'introduit dans son particularisme au sein d'une société composée d'autant de particularismes qu'il y a d'individus. C'est dans cette différenciation essentielle à l'identification individuelle que se trouve également une similitude entre les êtres, capable de les faire se reconnaître.

L'échange, qu'il soit verbal ou physique, requiert une similitude entre autrui et moi. Si autrui est différent de moi, il est aussi un autre moi en ce que je me reconnais en lui. Par nos similitudes, je peux m'identifier à lui et nous pouvons créer ensemble une communauté.

La culture, en ce sens, joue un rôle très important dans cette appréhension de l'autre comme semblable à moi-même. Par le partage de valeurs identiques, par une langue que nous avons en commun, par un passé historique semblable, autrui est celui qui me rassure par ce que j'y reconnais et me sens donc vulnérablement moins seul. Le racisme serait ici à comprendre comme une impossibilité à me reconnaître dans l'autre. Il devient dès lors une agression à ma propre identité. Sa différence m'agresse car je suis incapable de me reconnaître en lui. Lorsque Éric me parle de sa non-reconnaissance d'autrui, c'est qu'il le voit comme profondément étranger à ce qu'il est.

– *« Pourquoi plus rien ne vous touche chez les autres ?*
– *Je me sens différent d'eux.*
– *En quel sens vous trouvez-vous différent d'eux ?*
– *Ils ne peuvent pas comprendre ma douleur. Je me sens affreusement seul...*
– *Quelle est l'origine de cette solitude ?*
– *Ma copine est partie et il ne me reste plus rien. C'est la seule qui me comprenait, qui me ressemblait. Je n'ai plus rien à partager avec quiconque désormais. »*

Se reconnaître en l'autre

Pris dans sa seule souffrance, Éric est dans l'incapacité de deviner chez autrui une quelconque similitude avec ce qu'il est. La réduction de son « étant » à la douleur affective qu'il traverse le rend imperméable à toute autre définition de ce qu'il est.

Les différentes facettes de sa personnalité au travers desquelles il pourrait se reconnaître dans l'autre s'évaporent face à sa souffrance.

De ce fait, la seule chose dans laquelle il pourrait se reconnaître dans l'autre serait le partage de cette même douleur ; le partage de particularismes similaires réintroduit d'emblée la personne au cœur de la relation humaine, donc sociale.

– *« De quelle manière vous définiriez-vous à l'heure actuelle ?*
– *Comme quelqu'un qui souffre.*
– *La souffrance serait-elle donc uniquement ce qui vous caractérise ?*
– *À l'heure actuelle, oui.*
– *Si vous partagiez un sentiment amoureux avec votre amie, pouvez-vous aujourd'hui partager ce que vous êtes avec elle ?*
– *Non ! Elle ne veut plus de moi.*
– *Ce n'est donc pas en elle que votre souffrance trouvera un écho ?*
– *Non. Elle ne souffre pas, elle…*
– *Serait-il possible de partager votre douleur avec autrui ?*
– *Non, c'est impossible !*
– *Elle n'est pas partageable ?*
– *Non, car elle est unique…*
– *Autant que votre amour ?*
– *Oui !*
– *Et pourtant vous le partagiez. »*

L'« étant » retrouvé

L'effet de miroir produit par des caractéristiques que je possède et que je reconnais en autrui réintroduit de l'« étant » dans mon être car il perçoit chez l'autre ce que lui-même vit. Cette notion de vécu déstatufie l'être pour le rendre à la vie.

Dans le fait d'appréhender l'autre comme vivant avec sa douleur se trouve la reconnaissance non plus de sa seule douleur mais de soi en tant qu'être souffrant. Il y a une **réintroduction** de ma personne dans ce qu'elle vit. Je ne suis plus caché derrière ce que je vis mais je m'aperçois comme étant dans ma vie, quelles que soient les formes qu'elle prend.

En ce sens, le partage d'expériences – même s'il n'apporte pas la concrétisation de nos souhaits les plus profonds (dans le cas d'Éric, se reconnaître en tant que vivant ne fera pas revenir son amie) – génère une prise de recul, une déchosification de l'être qui se réapproprie la vie et s'éloigne de sa solitude.

Épilogue

Dans le tourbillon de douleur où est entraînée la personne abandonnée, la perte de l'« étant » suit la scission avec l'univers que la relation amoureuse avait construite. La suffisance que les amants éprouvaient au cœur de leur jugement réciproque ayant disparu, Éric a perdu tout ancrage relationnel. L'« étant » est reconnu au cœur de cette microsociété, prenant ainsi le risque de ne plus l'être en cas de rupture. Il devient alors « être », c'est-à-dire sans valeur sociale, ni reconnaissance de soi chez autrui. Ce dernier, devenant étranger à tout ce que l'aimant se représente à lui-même, n'est plus capable de jouer le rôle de miroir essentiel à toute ontologie sociale. Réussir à réinvestir son « étant » ne peut se faire que par la rencontre d'autrui comme similaire à soi, seule rencontre capable d'engendrer une reconnaissance de soi dans l'autre.

Comment surmonter une rupture amoureuse ?

Quelques questions à se poser

Comment vous définiriez-vous, indépendamment de l'être aimé ?

Reconnaissez-vous la douleur comme inhérente à l'existence humaine ?

Que signifie pour vous être libre ?

Dans quelle mesure la relation amoureuse pourrait ne pas être totalement épanouissante ?

Être parent, et après ?

Martine, 48 ans, voit son troisième et dernier fils quitter le foyer familial. Tendance « mère poule », elle perd peu à peu le sens qu'elle a donné à sa vie : celui d'être mère. Elle passe d'un sentiment d'utilité à une impression de ne plus servir à rien. Son époux, qui a pris l'habitude de participer aux tâches ménagères, qui a gagné en indépendance domestique, se débrouillerait très bien sans elle. Prisonnière de sa nouvelle liberté, elle oscille entre le désir de pouvoir profiter de la vie en tant que femme et la perte d'identité que le départ de ses enfants a générée. Les questions que Martine se pose tournent autour de la maternité et du sens qu'elle apporte à une femme.

Le rôle de mère que Martine a rempli envers ses enfants semble avoir construit son **identité**, faisant ainsi dépasser la fonction sur l'être. En effet, les différentes fonctions que nous occupons, parent, enfant, frère, sœur, ami, collègue, construisent notre identité. C'est dans la relation à l'autre que je suis. Or, en ayant négligé les autres facettes de sa personnalité, Martine ne sait plus qui elle est. Rattrapée par l'indépendance de ses fils, Martine n'a plus l'impression de pouvoir exister en tant que mère, et donc, par extension, en tant qu'être. Elle se demande comment faire le deuil aujourd'hui de ce rôle de mère ? Mais de quoi doit-elle faire le deuil au juste ? Est-ce uniquement, comme elle semble le dire, le fait de renoncer à son **utilité matérielle** ? Or, être mère se résume-t-il à être utile ? Le départ des enfants de la maison fait-il cesser les parents d'être parents et les enfants d'être enfants ?

La philo-thérapie

> - Qu'est-ce qu'être mère ?
> - Le statut de parent s'arrête-t-il avec le départ des enfants ?
> - La définition d'une mère est-elle réductible à son utilité ?

Qu'est-ce qu'être mère ?

Avoir un enfant tout d'abord dépendant

La venue au monde d'un enfant engendre chez les adultes qui en sont les auteurs un enrichissement de statut. Ils ne sont plus seulement femme ou homme désormais mais également parents. La responsabilité d'élever un enfant s'inscrit dans une action jusqu'alors inconnue.

La dépendance de l'enfant au parent est telle qu'elle ne peut que les rassurer sur leur nouveau statut. Il y a ici une obligation naturelle commune à toutes espèces animales des parents à l'égard de leur enfant. La présence de ce dernier donne au parent la légitimité de son statut. C'est ce que Martine explique lors de sa première consultation.

— « *Qu'entendez-vous par "être mère" ?*
— *C'est élever ses enfants, en prendre soin.*
— *Et lorsque l'éducation des enfants est finie, que reste-t-il de la fonction de mère ?*
— *Je reste toujours leur mère…*
— *Même s'ils n'ont plus besoin de vous au quotidien ?*
— *Bien sûr.*
— *Pourquoi ?*
— *Parce qu'il y a l'amour !*
— *L'amour serait-il plus important à vos yeux que le fait de prendre soin des enfants dans la définition de mère ?*
— *Oui, car c'est parce que je les aime que j'en prends soin.* »

L'importance de la culture

Pouvoir générer des sentiments affectifs dans les relations humaines n'est possible que par les références culturelles que sont les nôtres, c'est-à-dire tous les **symboles** que nous relions aux différentes fonctions que nous occupons tous.

Par exemple, je vais d'autant plus apprécier une personne que je l'aurais qualifiée d'amie, c'est-à-dire lorsque la relation entretenue correspondra à l'idée de l'amitié que j'ai. Cette correspondance entre réalité et symbolique permet un attachement d'autant plus fort aux choses.

L'enfant aime ses parents par obligation naturelle car sans eux il meurt. En revanche, en grandissant c'est d'autres nécessités qu'il remplira auprès d'eux. Une nécessité plus intellectuelle, moins biologique. En devenant davantage humain, empli par la compréhension du monde, l'enfant ne perçoit plus sa mère uniquement comme un sein nourricier mais l'enveloppe d'images culturelles dont regorge la société dans laquelle il évolue.

Le partage d'une vie en commun, les souvenirs qui y sont rattachés, la compréhension d'autrui en tant qu'être singulier, la prise de conscience de l'affect que l'autre a pour moi ; autant de paramètres à l'origine de l'amour qu'il y a entre membres d'une même famille et particulièrement entre parent et enfant.

L'importance de la reconnaissance de l'enfant

L'attachement humain aux membres de sa famille se bâtit sur la conscience qu'il en a. Alors que dans la majorité des espèces animales, les relations parents/enfants se déconstruisent dès que la progéniture s'émancipe, la culture humaine affine ces relations en leur appropriant une dimension particulière.

La conceptualisation des choses permet une prise de recul sur elles en même temps qu'une symbolique. La mère est un concept fort en symbole. Dans toutes les sociétés humaines, elle est celle par qui la vie est envisageable. Le pouvoir que confère aux femmes cet état de fait leur permet d'acquérir un statut supplémentaire qui ne pourra tarir avec le temps.

La reconnaissance sociale de l'enfant et de la mère anticipe une relation que même la mort d'un des deux ne pourra éteindre. Le souvenir d'un parent décédé est toujours vivace chez l'enfant. Par là, il se reconnaît dans l'identité parentale. C'est par elle qu'il pourra lui-même se définir en tant qu'être particulier.

Le statut d'une mère est-il réductible à son utilité ?

Avoir un enfant devenu adulte

Lorsque l'enfant ressent les premiers émois de son être en tant qu'indépendant de ses parents, va s'installer entre les deux parties un rapport de plus en plus détaché du rapport « être demandant » à « être donnant ». En d'autres termes, l'adulte en devenir va devoir acquérir sa propre indépendante face à des parents qui, parallèlement, perdent peu à peu de leur toute-puissance.

C'est le problème que vit Martine. Destituée d'une partie de sa fonction de mère, elle a du mal à en accepter la perte identitaire, refusant par là même que toute éducation promulguée à un enfant se fasse dans le but de le voir un jour voler de ses propres ailes.

En ce sens, comme pensait **Platon**, l'ingratitude des enfants est la meilleure preuve d'une bonne éducation. Par là, si l'enfant a du mal à quitter le foyer parental, s'il y est trop attaché, c'est que le rôle des parents n'a pas été tenu et qu'ils ont échoué dans leur tâche émancipatrice.

— *« Quel est pour vous le rôle de l'éducation ?*
— *Aider les enfants à pouvoir s'en sortir tout seul…*
— *Pensez-vous avoir atteint votre but ?*

– Oui. Aujourd'hui, ils sont tous indépendants.
– Êtes-vous satisfaite de vous ?
– Oui. J'ai accompli mon rôle de mère.
– Qu'est-ce qui vous fait souffrir ?
– J'ai l'impression de ne plus leur être utile…
– Qu'entendez-vous par "être utile" ?
– Pouvoir répondre à leurs besoins…
– Des besoins de quel ordre ?
– Matériel. Faire les courses, cuisiner, repasser leur linge. Des tâches de ce genre… »

En partant, les enfants de Martine la laissent sans tâches domestiques à remplir. Le concept d'utilité qu'elle exprime est uniquement de cet ordre-là : aider ses fils dans leur quotidien. Au-delà de cette fonction pratiquement utilitaire se cache de l'amour. En effet, c'est par lui que Martine s'évertue à rendre la vie plus facile à ses enfants.

Par là, le plaisir qu'elle ressent à concrétiser son affection maternelle par des gestes quotidiens est la conséquence de l'amour qu'elle porte à ses enfants. Martine se trouve ici dans une totale confusion entre la cause et l'effet.

Le danger de vivre à travers son statut de mère

L'attachement affectif qui unit généralement le parent à l'enfant comme un prolongement de ce qu'il est se concrétise par l'attention particulière que le premier donne au second. Quelle que soit la forme que la concrétisation peut prendre en fonction des visions différentes que les parents ont de prendre soin de leur enfant, ce dernier l'appréhende de manière juste, c'est-à-dire comme une preuve affective.

Lorsque Martine explique son impression de ne plus être véritablement mère, elle se rend bien compte de l'erreur de jugement dans laquelle elle est plongée : confondre l'effet et la cause.

LA PHILO-THÉRAPIE

— *« Vous avez parlé de l'amour comme étant la source des soins promulgués à vos enfants…*
— *Oui, c'est exact.*
— *En ce sens, la disparition des soins entraîne-t-elle celle de l'amour qui en est l'origine ?*
— *Non !*
— *Le fait de ne plus leur être utile matériellement peut-il avoir une quelconque influence sur le fait que vous restiez leur mère ?*
— *Non, car je serai toujours là pour eux.*
— *Serait-ce donc dans la constance de vos éventuels soins que se prolonge votre fonction maternelle ?*
— *Oui, jusqu'à la fin je ferai tout pour qu'ils soient heureux ! »*

Le sentiment d'utilité qu'elle éprouve à l'égard de ses enfants ne saurait être altéré par le fait qu'ils quittent la maison familiale. La façon que Martine aura d'être utile s'accommodera à ce nouveau cadre de vie. Le statut de mère que Martine a tant peur de perdre est davantage lié à une impression d'inutilité qu'à une réelle appréhension de sa fonction face à des enfants désormais adultes.

En définitive, les besoins de ces derniers n'étant plus les mêmes, Martine ne les reconnaît plus. Lorsque je lui pose la question, elle a du mal à envisager ce en quoi ses fils auraient besoin d'elle.

— *« Se pourrait-il que vos enfants, devenus adultes, puissent avoir d'autres besoins au sein de la relation que vous entretenez avec eux ?*
— *Non, j'ai l'impression qu'ils n'ont plus besoin de moi…*
— *En fonction de la définition que vous avez du "besoin" qu'ils ne partagent peut-être plus avec vous ?*
— *Sans doute.*
— *Quels pourraient être leurs nouveaux besoins ?*
— *Je ne sais pas… que je respecte leur indépendance ?*
— *Est-ce un besoin que vous relevez dans leur attitude à votre égard ?*
— *Oui. Je sens bien qu'ils ont besoin d'autre chose.*
— *Les respectez-vous dans leur nouvelle vie ?*

— *Oui.*
— *En ce sens, est-ce que vous leur prouvez que vous répondez encore à leur besoin ?*
— *Je pense. »*

Rester à jamais la mère de ses enfants

En ce point, le statut de mère comme l'entend Martine s'illustre par sa capacité à répondre aux besoins de ses enfants au-delà des siens propres. C'est-à-dire qu'elle permet à ses fils un **épanouissement** total par le fait qu'elle respecte leur volonté de vie. Si les besoins de ces derniers ne correspondent plus à ceux de leur mère, Martine continue à y répondre, même si cela se fait au prix d'un certain sacrifice, celui de ne pouvoir se rendre utile de la manière qu'elle souhaiterait.

Ce virement de situation où le parent est moins suscité par l'enfant ne revendique aucunement son statut. Contrairement aux espèces animales, la culture humaine permet une complexité affective eu égard au **particularisme relationnel**. En fonction de la symbolique que le statut de mère représente, l'attachement filial sera d'autant plus fort.

La relation mère/enfant dans le cas de Martine ne peut culturellement s'arrêter au fait que les enfants deviennent un jour des adultes indépendants. La définition ontologique que génère la naissance d'un enfant au sein d'un couple crée un attachement au-delà des simples besoins primaires et naturels.

La culture en crée d'autres, constituant de l'humain, où les relations sociales définissent ce qu'il est. En ce sens, le statut de mère ne peut s'effilocher avec le temps. Même si sa fonction première, qui est de protéger l'enfant, s'amoindrit avec la capacité de celui-ci à subvenir à ses propres besoins.

Épilogue

L'impression de ne plus être utile à ses enfants renvoie Martine au deuil de son rôle de mère. Culturellement, elle se définit en fonction du statut maternel. Elle ne peut trouver d'explication à sa peur de ne plus être réellement une mère si ce n'est que la correspondance entre ses propres besoins et ceux de ses enfants n'est plus aussi claire que lorsqu'ils vivaient sous son toit. Pourtant, la fonction de parent a comme dessein de faire en sorte que l'enfant puisse être suffisamment armé pour, à son tour, gagner son indépendance. La notion de respect est essentielle. En effet, être parent c'est avant tout respecter l'existence de son enfant, quelle que soit la manière que le parent a de voir l'existence. Lorsque l'enfant éprouvera le besoin de quitter la structure familiale, les parents devront respecter ce choix. D'autre part, être parent va au-delà du simple fait d'être « utile » à ses enfants. Si elle ne se résume pas uniquement à son rôle de mère, elle restera toujours la mère de ses enfants.

──────── **Quelques questions à se poser** ────────

Que signifie pour vous être parent ? Quelles sont les fonctions d'un parent ?

L'amour parent-enfant est-il pour vous inconditionnel ?

Qu'est-ce que votre enfant attend de vous ?

Doit-on faire le deuil de ses rêves ?

Bertrand a 56 ans. Généraliste en médecine, il a passé sa vie à exercer sa profession avec le plus de passion possible. Médecin à l'écoute de ses patients et satisfait de son activité, il ressent néanmoins un manque dû à des rêves de jeunesse jamais exploités. Il aurait aimé, étudiant, faire le berger ou tenir un restaurant gastronomique dans le Luberon, voyager quelques années en Asie, s'exercer à l'artisanat. Une manière de vivre que son entourage ne voyait pas d'un très bon œil. Du coup, il a poursuivi ses études de médecine, décroché sa thèse et s'est installé en tant que généraliste. Aujourd'hui, à l'heure où ses enfants quittent le foyer familial, il a une vague impression d'avoir manqué quelque chose, de ne pas avoir suivi les chemins que ses rêves lui proposaient.

La frustration que Bertrand éprouve face aux rêves qu'il n'a jamais assouvis l'amène à douter de la légitimité de son existence. Une impression d'**incomplétude** l'assaille due aux possibilités qu'il avait et qu'il lui semble n'avoir pas saisies. Il y a ici une interrogation sur ce qu'aurait pu être sa vie si des décisions plus proches de ses désirs avaient été prises. Il semble dès lors plus aisé de regretter une vie que l'on n'a pas, que l'on aurait pu avoir… L'être plonge dans l'hypothétique en échafaudant une existence plus épanouissante que celle vécue. Les questions que Bertrand se pose tournent autour de la légitimité de tels regrets ainsi que de leur valeur signifiante. En effet, l'expression « passer à côté de sa vie » signifie-t-elle réellement quelque chose ? Si effectivement la notion de choix à laquelle nous sommes confrontés tous les jours découle de notre capacité de juger, de notre appréhension du monde, il semble néanmoins plus difficile d'avoir une quelconque influence sur des éléments non maîtrisables. Il y a dans le regret de Bertrand un déni de son impuissance ou une volonté de toute-puissance qui sont susceptibles de prendre davantage soin de ses rêves que du réel.

- Les conséquences de nos actes ne dépendent-elles que de nous ?
- Regretter ses choix passés est-il légitime ?
- Regretter la non-concrétisation de ses rêves anciens n'est-il pas briser les futurs ?

Assumer ses choix passés

La justesse de nos choix

Les regrets que semble nourrir Bertrand concernant les choix de vie qui ont été les siens traduisent un **anachronisme**. En effet, les choix que la personne fait ne sont que le fruit de son jugement. Il y a dans le choix une part de sens critique qui permet d'évaluer les conséquences liées aux divers choix envisageables. C'est ce que confirme Bertrand dans son discours.

– *« Qu'est-ce qu'implique la notion de choix ?*
– *De la réflexion, pour justement savoir quelle voie emprunter.*
– *Se peut-il alors que nous fassions des choix en vue d'un conscient désavantage à notre encontre ?*
– *Non, mais on peut faire de mauvais choix…*
– *Comment s'en rend-on compte ?*
– *En observant les résultats…*
– *Vous me parlez ici des résultats de choix mais pas du choix lui-même.*
– *C'est-à-dire ?*

— S'il est impossible, comme vous l'avez dit, de faire consciemment des mauvais choix, c'est bien que le fait de choisir implique nécessairement ce qui serait le plus juste à nous satisfaire ?
— Oui.
— Au moment où il se décide, comment apparaît un choix ?
— Comme la meilleure solution... »

La recherche de la meilleure solution passe par le choix qu'il faudra faire afin de l'obtenir. Ce n'est que par la croyance qu'un choix est meilleur qu'un autre que je me détermine. Par là, l'impression de n'avoir pas fait les bons choix de vie ne peut être qu'anachronique, c'est-à-dire dans un temps différent, susceptible de laisser apprécier à l'auteur les conséquences de ses actes.

Il y a ici une confusion temporelle à l'intérieur de laquelle celui qui regrette n'est plus le même que celui qui a choisi. Serait-il possible, juridiquement, de porter plainte contre soi-même ? Le décalage entre deux temps, celui où la personne choisit et celui où elle en constate les effets, ne permet plus de juger l'un en fonction de l'autre ; le fait d'emprunter telle voie résulte d'un jugement susceptible d'appréhender le meilleur.

La croyance en nos choix

Ce qui nous fait regretter certains choix de vie, c'est que nous ne pouvons réellement en connaître à l'avance les conséquences. En effet, ne pouvant savoir avec certitude quel effet sera généré par tel choix, celui-ci ne peut se faire que sur le mode de la croyance.

C'est là le point commun entre le croyant et le savant qui, tous deux, sont convaincus d'être dans le juste. Dans *Gorgias*, **Platon** écrit : « *Il est vrai que ceux qui savent sont convaincus et ceux qui croient le sont aussi.* » Comment alors les distinguer dans leur conviction ?

Pour **Kant**, la connaissance doit être ajustée à son objet. Or, l'objet n'est qu'une construction dans laquelle le sujet ne retrouve que ce qu'il y a mis. Pour le philosophe allemand, la croyance est indissociable de la connaissance.

Si les conséquences du choix ne sont pas celles escomptées, c'est qu'il y a bien eu de la part de l'auteur un manque de connaissance à l'égard d'éléments extérieurs. La différence entre croyance et savoir est ici essentielle.

– *« Comment se fait-il que l'on puisse se tromper dans nos choix ?*
– *Parce qu'on ne réfléchit pas assez peut-être aux conséquences…*
– *Comment se fait-il que nous puissions les prendre en y réfléchissant que peu ?*
– *Parce qu'on ne peut pas tout savoir !*
– *Le choix implique-t-il donc parfois une prise de risque ?*
– *Oui. Sans ça on n'avance pas…*
– *C'est-à-dire ?*
– *On ne fait rien. On ne vit pas.*
– *Serait-ce à dire que regretter des choix formulés reviendrait à regretter de vivre ?*
– *Peut-être… »*

Une connaissance du monde forcément imparfaite

En ce sens si l'erreur de jugement, établie après l'appréhension des conséquences du choix, est présente c'est que leur connaissance ne fut pas totalement pleine lors du choix exprimé. Une pleine connaissance du monde ainsi que de son fonctionnement ne peut permettre une quelconque déception.

L'homme qui maîtrise son environnement ne peut que générer des choix capables de répondre à ses propres attentes. Il gagne en liberté car il n'est plus prisonnier de la contingence naturelle.

Les choix qu'il fait prennent en compte tous les paramètres extérieurs afin de ne rien laisser au hasard, c'est-à-dire à une influence incomprise. Ce genre de connaissance complète ne semble pourtant pas accessible à l'homme qui d'emblée se trouve confronté à une vision du monde imparfaite. Appréhender avec justesse les conséquences de son acte ne peut qu'être une réalité vers laquelle nous essayons tous de tendre.

Comme le remarque si bien Bertrand, toute notion de choix comporte le risque qu'il n'aboutisse pas à l'effet escompté. L'impossible connaissance du Tout qui nous entoure génère irrémédiablement une part d'incontrôlable. Ne pas accepter ici cet état de fait, c'est non seulement refuser le déterminisme par lequel la cause à tel effet mais c'est se fourvoyer dans une impasse où le réel est laissé en jachère au profit de ce qui n'a pu être.

Par exemple, Bertrand peut regretter la vie qu'il aurait pu avoir, mais ce ne sera toujours qu'au détriment de son existence, qu'il délaisse par sa non-implication. En d'autres termes, l'hypothétique prend le pas sur le réel et le subordonne par l'image idéale que l'on en a.

Se peut-il dans ce cas-là que le fait de ne pas aimer sa vie – car elle ne correspond pas à nos rêves – la rende stérile quant à l'élaboration de nouveaux projets ? En restant sur d'anciens rêves, Bertrand construirait-il ses prochains regrets ? Se pourrait-il en fait que le regret soit exponentiel, c'est-à-dire qu'il ne soit que mise en place des suivants ?

Le regret d'hier peut-il forger celui de demain ?

Son autre vie

Lorsque Bertrand parle de la vie qu'il aurait aimé avoir, il se projette par là même dans un irréalisme qui le rassure quant aux possibilités qu'il aurait pu exploiter. « Si j'avais fait ça... » traduit une peur à l'origine d'un manque d'**adéquation** entre le désir et sa concrétisation.

— « *J'aurais pu, dit-il, faire autre chose de ma vie. Plus en correspondance avec ce que je suis.*
— *Pourquoi n'avez-vous pas suivi cette voie-là alors ?*
— *Parce que j'avais peur de ne pouvoir vivre correctement de mes passions…*
— *C'est donc un choix réfléchi et sécuritaire qui vous a tenté ?*
— *Oui.*
— *Et qu'en pensez-vous à l'heure actuelle ? Était-ce un mauvais choix ?*
— *Non, je ne pense pas. C'est vrai que, par exemple, j'aurais eu du mal à partir toutes les années en vacances si j'avais été berger, vu l'augmentation du coût de la vie…*
— *N'avez-vous jamais tenté l'expérience de ce projet ?*
— *Non, je suis médecin !*
— *Il ne vous aurait pas été possible de partir un mois dans la montagne durant toute votre vie ?*
— *Oui, mais j'ai ma femme et mes enfants…*
— *Un bon prétexte au regret ?*
— *Peut-être… »*

La **projection** de sa personne dans une vie qui aurait pu être différente traduit le fait que l'existence aurait pu être autre. Mais autre que quoi ? La question est ici essentielle car elle détache l'individu de tout ce qui le précède, à l'origine de ce qu'il est actuellement.

En effet, si Bertrand est aujourd'hui ce qu'il est avec tous les doutes qui le composent quant à ses anciens choix de vie, ce n'est qu'en fonction d'eux. Imaginer ce que son existence aurait pu être le renvoie à une identité qui ne serait plus la sienne et qu'il ne peut, par extension, juger qu'injustement.

Le regret exponentiel

Regarder l'existence hypothétique qu'aurait pu être la nôtre, c'est dénigrer celle que l'on vit. Le risque d'une telle approche est celui de ne pas entrer dans l'action.

— « *Le regret d'hier peut-il forger celui de demain ?*
— *Comment ça ?*
— *Le fait de regretter la vie qu'on aurait pu avoir, n'est-ce pas moins s'investir dans celle que l'on vit, formant ainsi de prochains regrets ?*
— *Oui, sans doute. C'est vrai que j'ai tendance à trop regarder ce que j'aurais pu faire…*
— *Au détriment de ce que vous pourriez faire ?*
— *Forcément, ça a des conséquences.*
— *Lesquelles ?*
— *Il y a un tas de choses que je ne m'autorise pas à faire en me disant que c'est trop tard…*
— *L'est-ce ?*
— *Je ne pense pas…*
— *C'est sur cette même incertitude que vous avez choisi médecine ?*
— *Certainement.*
— *Comptez-vous fonctionner comme cela jusqu'au bout ?*
— *C'est-à-dire ?*
— *Jusqu'à votre mort…* »

L'appréhension de sa vie comme ayant une fin relativise sans doute les mauvaises conséquences de certains choix. La dernière conséquence que prendra la vie de Bertrand sera sa propre mort. Cette fin inéluctable renvoie d'emblée à une échelle de risques pris au cours de la vie.

Un risque actualisant

Son imagination, en générant un idéal de vie, sclérose son existence réelle au profit de la virtuelle. Le manque de risque qui symbolise ses décisions plonge Bertrand dans un perpétuel regret.

Le risque apparaît ici comme le déclencheur de l'actualisation de son être. L'incertitude des conséquences inhérentes à tout acte l'est d'autant plus lorsqu'il s'agit d'un choix de vie dont on sait la précarité. Par là, nul regret à avoir si le but recherché est la sécurité professionnelle et financière comme ce fut le cas pour Bertrand.

Dans *L'Enracinement*, **Simone Weil** écrit : « *Le risque est un besoin essentiel de l'âme. L'absence de risque suscite une espèce d'ennui qui paralyse autrement que la peur, mais presque autant.* » Pour elle, le risque inscrit l'individu au-dehors de la paralysie, il le confronte à sa pleine existence.

Ne pas se donner les moyens de concrétiser ses rêves lorsque la sécurité recherchée est atteinte est en revanche une réelle prise de risque dont les conséquences peuvent s'avérer plus regrettables sur du long terme qu'il n'y paraît.

Il est ici question du sens que nous donnons à nos vies, relatif à chacun d'entre nous, et des risques que nous sommes prêts à prendre afin d'actualiser notre être, c'est-à-dire d'exprimer ce qui résonne en nous.

Épilogue

Le deuil des rêves que Bertrand vit comme une véritable perte de lui-même – il aurait aimé explorer certaines possibilités d'existence – ne peut l'amener à voir son actualité comme quelque chose susceptible de générer ce qu'il souhaite. Enfermé dans une victimisation de vie, il imagine avec passivité ce qu'elle aurait pu être en négligeant les moyens qui sont aujourd'hui à sa disposition. Il n'est donc plus victime mais bien responsable de son regret, non pas dans le sens où son choix de jeunesse fut la sécurité mais car une fois atteinte, il prétexte autre chose pour ne pas concrétiser ses rêves. Si le regret est légitime au vu des conséquences observées, ne pas épanouir son être dans ce à quoi il aspire revient à ne pas explorer l'étendue des possibles qui s'offrent à nous.

Doit-on faire le deuil de ses rêves ?

Quelques questions à se poser

Assumez-vous toujours vos choix ?

Vous souvenez-vous des motivations qui vous les ont fait prendre ?

Tous vos choix étaient-ils bons pour vous ? Pouviez-vous, au moment de les prendre, le savoir ?

Conclusion

Dans les cas qui jalonnent cet ouvrage, si la démarche employée est le questionnement philosophique, c'est-à-dire celui qui porte sur les concepts, les chemins parcourus sont différents. En fonction des questions posées, propres à chacun, la discussion prend des chemins divers, conduisant ceux qui y sont confrontés à l'éclaircissement d'un problème concret. Il y a une élévation du particulier au général afin de pouvoir apprécier un regard plus distancié sur ce qui parfois nous semble trop difficile à gérer.

La méthode employée en cabinet de philosophie n'est pas seulement une réflexion portée sur un problème bien précis. Elle consiste surtout au commencement d'un apprentissage philosophique. Que ce soit Edwige, Marc, Muriel, Bernard, Sandrine ou les autres, ils ont tous éprouvé le besoin de poursuivre cette aventure au travers de discussions avec leurs proches, à la lumière de livres dont ils ne soupçonnaient pas l'accessibilité.

Adolescent, je me plaisais à formuler en public un proverbe chinois, plus me semble-t-il pour briller en société que par réelle conviction philosophique... « Donne un poisson à un homme et tu le nourris pour un jour. Apprends-lui à pécher, tu le nourris pour toute sa vie. » Bien sûr, la philosophie ne peut se faire que le ventre plein mais une fois acquise, même le ventre vide elle permet de sortir de l'incompréhension et de saisir le sens des choses. En ce sens, la consultation en philosophie aide ceux qui s'y essaient à démêler certains nœuds de la vie. Elle apporte un éclaircissement à des problèmes souvent perçus dans un épais brouillard et qui laissent un goût d'impuissance. Le questionnement philosophique, par le regard neuf et sans concession qu'il pose sur la vie, permet à l'individu d'avoir plus de discernement et, par extension, d'être maître de son existence. Il peut alors s'engouffrer dans la vie avec force et liberté.

Glossaire

Cognitif : qui est relatif à la cognition, c'est-à-dire à tout ce qui se rattache aux grandes fonctions de l'esprit telles le raisonnement, la mémoire ou encore le langage.

Dualisme : de manière générale, on entend par ce terme une opposition conceptuelle. Pour Descartes, il exprime une séparation entre le corps et l'esprit.

Empathie : capacité à ressentir les sentiments et émotions d'autrui.

Ergonomie : étude multidisciplinaire des conditions du travail humain et des relations entre l'homme et les moyens de travail : la machine.

Existentialisme : courant philosophique qui privilégie la liberté et la responsabilité de l'individu. L'homme est maître de ses actes et n'est pas pré-déterminé à agir de telle ou telle manière.

Hiatus : discontinuité, divergence de points de vue.

Interaction : action réciproque entre deux sujets.

Intrinsèque : qui est inhérent, au-delà de tous facteurs extérieurs.

Légitimité : ce qui est conforme au droit, à la loi. De manière plus subjective, ce qui paraît en adéquation avec la conception que l'individu a du monde.

Nihilisme : doctrine selon laquelle rien n'existe de manière absolue, ni la vérité morale, ni les valeurs, ni la hiérarchie.

Noumène : dans la philosophie kantienne, il s'agit d'une réalité intelligible, une chose en soi, qu'on ne peut connaître de manière empirique, à la différence du phénomène.

Ontologie : étude des propriétés les plus générales de l'être. Tout ce qui est relatif à l'être en tant que tel.

Tautologie : répétition d'une même idée au travers de propositions différentes. Par exemple : 100 % des gagnants du loto y ont joué !

Transcendant : qui se situe au-delà du domaine pris comme référence.

Quelques mots sur les auteurs cités

Aristote

Né en 384 av. J.-C. en Macédoine (nord de la Grèce), Aristote part suivre à Athènes les cours de Platon à l'âge de 17 ans. Empruntant à son maître l'idée selon laquelle la connaissance doit dépasser la sphère de l'opinion changeante pour se rattacher au nécessaire et à l'universel, il se détachera de ce dernier par sa volonté de totaliser les savoirs expérimentaux de son époque : biologie, médecine, cosmologie, etc. Il fonde le Lycée.

André Comte-Sponville

Né en 1952, il cesse de croire en Dieu à l'âge de 18 ans. Dès lors, il se tourne vers la philosophie qui lui apparaît comme un des moyens susceptibles de pouvoir remplacer la religion dans la quête du bonheur. Au travers de réflexions portant sur divers thèmes (Dieu, le capitalisme, le bonheur, la sagesse, etc.), il nous offre matière à réfléchir sur des problèmes contemporains.

Boris Cyrulnik

Neurologue et psychiatre français né à Bordeaux en 1937, il développe le concept de « résilience » au travers duquel il exprime la possibilité de renaître de sa souffrance. L'individu ayant vécu une expérience traumatique n'est donc pas prisonnier de son malheur. Devenir résilient apparaît ainsi comme un formidable espoir de bien-être.

René Descartes

Né à La Haye en 1596, Descartes est le fondateur du rationalisme moderne. Son doute hyperbolique (douter de tout) le conduit à son fameux *« cogito ergo sum »* (je pense, donc je suis). Il établit également une dualité entre le corps, entendu comme simple machine répondant à des lois mécaniques, et l'esprit, capable de parvenir au Vrai.

Épicure

Né dans l'île de Samos en 341 av. J.-C. Il met sur pied sa propre école, le Jardin, loin de l'élitisme de l'Académie et du Lycée. Cet espace de discussion a pour but la sagesse, la vie en accord avec la nature. Épicure discute non seulement avec ses élèves mais aussi avec des esclaves et des femmes, chose rarissime dans la Grèce antique.

Georg Wilhelm Friedrich Hegel

Il naît à Stuttgart en 1770, sa philosophie porte sur un idéalisme absolu ; il cherche quels sont les chemins que la simple conscience prend afin de s'élever à la raison puis celle-ci à une forme de savoir absolu. Il s'interroge aussi sur le sens de l'Histoire et la place que l'homme y occupe.

Vladimir Jankélévitch

Né à Bourges en 1903 et mort en 1985 à Paris. Philosophe engagé et musicologue, il fut de tous les combats de son siècle. Il s'évertue à s'étonner, tel Socrate, de la vie en général afin de mieux la comprendre au travers du sens que nous lui donnons. Ces thèmes dominants sont le temps et la mort, la pureté et l'équivoque, la musique et l'ineffable. Pour Jankélévitch, seul l'amour confère une valeur à tout ce qui est.

Emmanuel Kant

Né près de Leipzig en 1724, il construit une philosophie de la connaissance où il souligne la relativité de cette dernière à l'esprit humain. Il établit une différence entre ce qui dans la pensée est *a priori*, c'est-à-dire ne provenant pas de l'expérience (l'inné), et ce qui est *a posteriori*, y découlant (l'acquis).

Emmanuel Lévinas

Né en Lituanie en 1905 et mort en 1995. Pour lui, le sujet se définit par la relation qu'il entretient avec autrui. En ce sens, il n'est pas défini pas sa seule identité. C'est un philosophe altruiste : je suis responsable de l'autre. Quelle que soit sa différence, autrui « me regarde ».

Nicolas Machiavel

Né à Florence en 1469, il devient le secrétaire à la chancellerie de la République de Florence. Il est l'un des fondateurs de la science politique moderne. Il propose une non-prise en compte des principes moraux au cœur des décisions politiques afin que celles-ci soient le mieux adaptées aux circonstances qui sont les leurs. Le Prince ne doit reculer devant aucun sacrifice pour le bien-être de son peuple, fût-ce au prix d'une action non morale.

Karl Marx

Né à Trèves en Allemagne en 1818, Marx est le père de la lutte des classes au travers de laquelle il voit les injustices révélées par le capitalisme. Dénonçant « l'exploitation de l'homme par l'homme », il expose dans son œuvre la plus connue, *Le Capital*, sa vision du capitalisme en démantelant son fonctionnement.

Friedrich Nietzsche

Il naît en 1844 près de Leipzig. Il rejette l'illusion de mondes autres que le nôtre. Ce qui seulement compte est notre monde. Il fonde sa conception de la liberté sur son surhomme, homme libre, qui arrive à être soi-même jusqu'au bout sans se sentir écrasé par la pression sociale. Il devient le point le plus haut de la transcendance humaine.

Platon

Né à Athènes en 427 av. J.-C. d'une famille aristocratique, il rencontre Socrate en 408. Il construit sa philosophie autour d'une différenciation entre monde sensible et monde intelligible. Si le premier est mouvant, le second s'inscrit dans l'absolu immuable. Le sensible n'existe que par le mimétisme des Idées auxquelles il se rattache. L'allégorie de la caverne (*La République*, L. VII) explique comment le philosophe réussit à se libérer de ses opinions fausses pour atteindre le monde des Idées et ainsi pouvoir accéder au Vrai. Il fonde l'Académie.

Jean-Jacques Rousseau

Il est né à Genève en 1712 et mourra la même année que Voltaire, en 1778. Comme Voltaire, il prône également un respect de la nature mais va sans doute plus loin dans la dénonciation des injustices sociales. Ainsi, il plaide les droits pour les déshérités et sera revendiqué par la grande majorité des révolutionnaires.

Jean-Paul Sartre

Né en 1905 et mort en 1980, il est le père de l'existentialisme. Pour lui, l'existence précède l'essence. L'homme est d'abord dans l'univers où il imprime sa marque et se construit librement. C'est une philosophie de la responsabilité ; chacun peut devenir ce qu'il souhaite, sans être enfermé dans un carcan ontologique. L'homme devient maître de ses valeurs et de l'histoire.

Arthur Schopenhauer

Né à Dantzig (Pologne actuelle) en 1788, il meurt en 1860. Pour lui, la vie n'est que souffrance et désir. L'homme est conduit à la guerre pas son égoïsme. Sa vision du monde est assez pessimiste bien que par la pitié il puisse atteindre l'acte moral. Ses réflexions sur l'amour sont résolument modernes.

Voltaire

Il naît en 1694 et meurt peu de temps avant la Révolution, en 1778. Fervent combattant des dogmes religieux, il prône la laïcité comme condition du bonheur humain. Sa liberté de pensée a influencé l'émergence d'une liberté nouvelle pendant le siècle des Lumières.

Simone Weil

Née en 1909, élève d'Alain à l'École normale supérieure, elle s'engage très rapidement aux côtés du prolétariat et rejoint en 1942 les services de la France libre qu'elle quittera en 1943. Elle meurt la même année des suites d'une tuberculose.

Bibliographie

Aristote, *Le Politique*, Flammarion, 1999.

Charles Baudelaire
Delphine et Hippolyte, Livre de Poche, 1972.
Les Fleurs du mal, Livre de Poche, 1972.

André Comte-Sponville, *Petit Traité des grandes vertus*, Seuil, 2001.

Boris Cyrulnik, *De chair et d'âme,* Odile Jacob, 2006.

Charles Robert Darwin, *Évolution des espèces*, Flammarion, 1982.

René Descartes, *Discours de la méthode*, Flammarion, 2000.

Épicure, *Lettre à Ménécée,* Hatier, 1999.

Vladimir Jankélévitch, *Le Pardon,* Aubier-Montaigne, 1967.

Emmanuel Kant, *Critique de la raison pure*, PUF, 2001.

Emmanuel Lévinas, *Autrement qu'être ou Au-Delà de l'essence*, LGF, 2001.

Nicolas Machiavel, *Le Prince*, Flammarion, 1993.

Karl Marx, *Le Capital*, Garnier-Flammarion, 1969.

Friedrich Nietzsche
Ainsi parlait Zarathoustra, Max Milo, 2006.
Par-delà le bien et le mal, Hachette, 2004.

Platon
> *La République*, Flammarion, 2002.
> *Le Banquet*, Flammarion, 1999.
> *Gorgias*, Flammarion, 1993.

Jean-Jacques Rousseau
> *Du contrat social*, Grasset, 1989.
> *Émile*, Ellipses, 1999.

Jean-Paul Sartre
> *L'Existentialisme*, Nagel, 1968.
> *Huis clos*, Gallimard, 1964.

Arthur Schopenhauer, *Métaphysique de l'amour*, 10/18, 2001.

Voltaire, *Zadig*, La Seine, 2001.

Simone Weil, *L'Enracinement*, Flammarion, 1990.

Index

A

Absence 36, 165
Acceptation 62, 176
Acte de résistance 141
Actualité 200
Adéquation 197
Adulte 73
Affirmation 79
Amalgame 128
Âme 73
Amitié 11
Anachronisme 194
Anticipation 17, 99
Apparence 67, 145
Appartenance 26, 160
Argent 127
Autarcie 177

B

Beauté
～ adhérente 52
～ libre 51
Besoin(s) 130, 153
～ de référence 51
～ réels 154
～ renouvelables 154
Bien-être 102
Bonheur 58, 110, 150
～ éphémère 39
Bouleversement 60

C

Caractéristiques
intrinsèques 27
Censure 110
Cercle vicieux 179
Chaîne ontologique 167
Changement 57
～ culturel 59
Choix 150
Chosification 18
Communication 11, 111
Compétence 156
Complicité 20, 165
Concret 50
Concrétisation 106, 189
Confiance 20, 26
Confusion 38
Conservation 49

Contingence 16, 62, 69, 196
Contrainte 101
Co-victimisation 31
Culpabilité 57, 68
Culture 180, 187

D

Décalage 58
Déception 60
Découverte de soi 151
Déni 62
Dénigrement 177
Dépendance 17, 115
~ de l'enfant 186
Désamour 39
Désir(s) 39
~ d'attirance 47
~ naturels 37
~ non naturels 37
~ sexuel 47
Désirable 47
Désocialisation 82, 126
Deuil 166
Dévalorisation 158
Devoir
~ d'amour 87
~ de reconstruction 171
Différence 180
Discipline 109
Douleur 171
~ narcissique 29
Doute 159
~ hyperbolique 159
Dualisme cartésien 73

E

Échange 153, 168
Échec 119
Éducation 97
Émancipation 115
Empathie 91
Enfants sauvages 131
Engagement 41
Ennui 10, 200
Épaisseur ontologique 127
Épanouissement 88, 191
~ personnel 7
Équilibre 77
~ du couple 16, 21
Essence 175
Étrangers 9
Être 67, 185
Évolution 9
Existentialisme 71, 119

F

Famille 87
Fashion victim 77
Fatalité 118–120
Féminité 79
Fratrie 115
Frustration 38, 158, 193
Fuite 42

H

Harcèlement 135
Héritage 167
Hiérarchie 105

I

Idéalisation 92, 157
Idées 83
Identification 121
Identité 67, 185
Image 67, 125
Imagination 49
Immobilité 71
Incertitude 151
Incomplétude 193
Inconscient 73
Inconstance 39
Indépendance 6, 177
~ financière 6
Indispensabilité 128
Individualisme 6
Inégalité 50, 154
Infidélité 25
Ingratitude 188
Injustice 116, 165
Insensibilité 179
Intégration 126
~ de l'erreur 29
Intellectualisation 51
Interaction 10, 22, 89, 147
Interdépendance 131
Interdit 112
Interprétation 51, 100
Intersubjectivité 180
Intimité intellectuelle 49

J

Jalousie 15
Jeunisme 57

Jugement 49–50
~ parental 116

L

Légitimité 57, 97, 141
~ du pouvoir 105
Liberté 18, 39, 101, 185
~ de l'enfant 108
Libre arbitre 41, 120
Limites 61
Lucidité 60

M

Machiavélisme 137
Maître 19
Manipulation 137
Manque 8, 175
~ de confiance 139
~ de reconnaissance sociale 132
Mauvaise foi 140
Médias 58
Méfiance 20
Mémoire 170
Mensonge 27
Morale 109
Mouvement 70
Multiplicité 28
Mythe de la caverne 70

N

Non
~ -acception 63

~ -changement 10
~ -respect 102
~ -utilité 126
~ -victimisation 31
Noumène 169

O

Obéissance 107
Objet 74
Obligation 7
Oubli 30

P

Paradoxe affectif 22
Pardon 25, 29
Particularisme 28
   ~ relationnel 191
Perception 69
Perfection 101
Peur 59
   ~ d'être multiple 73
   ~ de manquer
      d'argent 153
Phénomène 169
Pluridimensionnalité 8
Possession 15, 160
Possible 103
Postérité 170
Pouvoir 106
   ~ interfamilial 107
Précarité 199
   ~ du bien-être 83
Pression 139

Prise
   ~ de distance 141
   ~ de recul 121
Projection 154, 198
Publicité 58

Q

Qualité éducationnelle 102
Quête
   ~ de vérité 70
   ~ du bonheur 6, 39
   ~ du désir de l'autre 36

R

Racisme 180
Rareté 156
Réappropriation 178
Réciprocité affective 176
Reconnaissance 11, 80, 98, 120
   ~ sociale 125
Règles sociales 109
Regret 194, 198
Réintroduction 182
Rejet 177
Relation 168
   ~ tautologique 140
Religion 149
Rémunération 125
Représentation 67
Respect de la liberté
   d'autrui 21
Responsabilité 41, 74, 103, 139
   ~ sartrienne 141

Responsable 32, 41
Risque 199
Rivalité 27

S

Sacralisation 160
Sécurité 115, 200
Séduction 59, 77
Sens 21, 149, 178
~ de la liberté 109
Sensation
~ de vide 73
Sentiment d'impuissance 82
Séparations 21
Signification 25
Singularité 147
Société de consommation 150
Solidarité 87
Solitude 20, 98, 153
Souvenirs 165
Sphère limitative 116
Sujet 74
Surprise 7
Symbole 187
~ de sécurité 153
Symbolique 78

T

Trahison 29
Transmission 116, 170
~ de pouvoir 109

Travail 125
Tristesse 170

U

Utile 130
Utilité 126, 129
~ matérielle 185

V

Valeur(s) 101, 156
~ communicante 79
~ financière 128
~ morales 25
~ signifiante 193
~ sociale 128
~ subjective 169
Valorisation 145
Vecteur 106
Vécu 182
Victime 32, 41, 120
Victimisation 200
Vie communautaire 106
Vieillesse 58
Volonté 61

Index des auteurs cités

A

Abbé Pierre 128
Alexandre le Grand 157
Aristote 83, 167

B

Baudelaire, Charles 42, 59

C

Coco Chanel 77
Comte-Sponville, André 7
Cyrulnik, Boris 98

D

Darwin, Charles Robert 48, 117
Descartes, René 68, 159
Diogène 157

E

Épicure 37, 61

H

Hegel, Georg Wilhelm Friedrich 19, 89, 180
Héraclite 10

J

Jankélévitch, Vladimir 29

K

Kant, Emmanuel 51–52, 101, 109, 169, 195

L

Lévinas, Emmanuel 179

M

Machiavel, Nicolas 129, 137
Marx, Karl 146

N

Nietzsche, Friedrich 39, 148

P

Piaf, Édith 177
Platon 8, 70, 83, 105, 129, 188, 195
Proust, Marcel 35

R

Rousseau, Jean-Jacques 35, 64, 109

S

Sartre, Jean-Paul 41, 71, 107, 119

Schopenhauer, Arthur 48
Socrate 83, 131

V

Voltaire 77

W

Weil, Simone 200

Table des matières

INTRODUCTION 1

I. L'amour

Puis-je aimer la même personne toute une vie ? 5
   Que représente le couple ? 6
      Des attentes aujourd'hui différentes 6
      Entre l'amour rêvé et l'amour réel 7
      L'homme en perpétuelle évolution 9
   La lassitude peut-elle provenir de la croyance de tout connaître de l'autre ? 10
      Apprendre les changements de l'autre 10
      Échanger pour découvrir l'autre 11
      Avoir envie de découvrir l'autre 12
      Épilogue 12

La jalousie peut-elle tuer mon couple ? 15
   Qu'est-ce que la jalousie ? 16
      La peur de n'être plus aimé 16
      La perte de mon identité 17
      Le bourreau et la victime 18
   Que transforme la jalousie dans le couple ? 19
      L'impossible retour 19
      De la souffrance à l'isolement 20

Retrouver le respect de l'autre 21
Épilogue 22

L'infidélité est-elle pardonnable ? 25
  Qu'est-ce que l'infidélité ? 26
    Le sentiment d'être trahi 26
    L'impression de n'être rien 27
    Chaque relation est unique 28
  Faut-il pardonner ? 29
    Qu'est-ce que le pardon ? 29
    Réduire l'être à l'acte 30
    Sortir de la co-victimisation 31
    Épilogue 32

Moins de désir, est-ce moins aimer ? 35
  Comment définir le désir ? 36
    Un peu d'étymologie… 36
    La confusion entre plaisir et bonheur 38
    Le désamour de soi-même 39
  Donner du sens à sa vie 39
    Perte de désir, perte de sens 39
    Être maître de son existence 41
    S'aimer pour désirer l'autre 41
    Épilogue 42

II. L'image de soi

La beauté est-elle la condition du désir ? 47
  Le beau 48
    Quel est le lien entre désir et beauté ? 48
    Il n'y a que l'homme capable d'aimer la beauté 49
    De la beauté naît l'émotion 50
  Entre beauté libre et beauté adhérente 51
    La beauté libre est imprévisible 51

La beauté adhérente est calculatrice	52
L'homme créa la beauté pour survivre	54
Épilogue	54

La jeunesse est-elle la promesse du bonheur ? — 57

Qu'est-ce que vieillir ? — 58
- *L'empreinte du temps qui passe* — 58
- *Se sentir exister dans le regard de l'autre* — 59
- *Le bonheur réside-t-il dans la jeunesse ?* — 60

Accepter la réalité pour bien vieillir — 62
- *Accepter l'irrémédiabilité du temps* — 62
- *S'accepter soi-même* — 63
- *Trouver le bonheur en soi-même* — 64
- *Épilogue* — 65

Suis-je ce que mon image est ? — 67

Quels sont les rapports entre l'être et l'apparence ? — 68
- *Une corrélation indispensable* — 68
- *L'être est multiple* — 69
- *L'être qui apparaît* — 70

Différencier l'être et l'étant — 71
- *L'existentialisme* — 71
- *L'illusion d'un être transcendant* — 72
- *L'homme, condamné à être libre* — 73
- *Épilogue* — 74

Suis-je frivole ? — 77

Quelle est l'importance de l'apparence ? — 78
- *La force symbolique du vêtement* — 78
- *Partager ou non des valeurs* — 79
- *Situer l'autre, le reconnaître* — 80

Qu'est-ce que la frivolité ? — 81
- *S'estimer frivole par impuissance* — 81
- *L'apparence comme liberté* — 82
- *Épilogue* — 83

III. La famille

Doit-on s'aimer en famille ? 87
  Qu'est-ce que la famille et que m'apporte-t-elle ? 88
    En son sein, je crée mon identité 88
    La famille me protège du dehors 89
    La famille me nourrit d'amour 91
  Puis-je respecter sans aimer ? 92
    Dissocier la famille de ses membres 92
    La famille en tant qu'entité 93
    La famille choisie 94
    Épilogue 94

Suis-je un bon parent ? 97
  Qu'est-ce qu'être parent ? 98
    Aimer son enfant 98
    L'éduquer, c'est le libérer 99
    Transmettre des valeurs humanisantes 100
  Qu'est-ce qu'être un bon parent ? 101
    Respecter l'unicité de l'enfant 101
    La visée première : le bonheur 102
    Un partage de responsabilité 103
    Épilogue 103

Éduquer, est-ce avoir du pouvoir sur ses enfants ? 105
  Qu'est-ce que le pouvoir ? 106
    Toute forme de relation est une lutte de pouvoir 106
    On devient parent par l'affirmation de son pouvoir 107
    Où commence la liberté de l'enfant ? 108
  Transmission de pouvoir, transmission de liberté 109
    Éduquer, c'est rendre libre 109
    Laisser l'enfant appréhender sa liberté par lui-même 110
    Prendre conscience de notre pouvoir sur nous-même 111
    Épilogue 112

Quelle importance a la fratrie ? 115
  Qu'est-ce que la fratrie ? 116
    La fratrie constitue une microsociété 116
    L'influence de l'autre, du frère ou de la sœur 117
    La place décisive que l'on occupe au sein de la fratrie 118
  Trouver son indépendance 119
    « L'enfer c'est les autres » 119
    Voir autrui comme un autre moi 120
    La nécessité d'extraire l'être de sa fratrie 121
    Épilogue 121

IV. Le travail

Le travail est-il la seule reconnaissance sociale ? 125
  L'individu est au centre de la société... 126
    Qu'est-ce que le travail ? 126
    Réduire l'être à son activité professionnelle 127
    Réduire l'être à son engagement politique 128
  ... Et la société au centre de l'individu 130
    Gagner en citoyenneté 130
    « L'homme est un animal politique » 130
    Une reconnaissance sociale dès la naissance 131
    Épilogue 132

Harcèlement au travail : comment sortir
de la victimisation ? 135
  Qu'est-ce que le harcèlement ? 136
    Le machiavélisme ou la raison d'État au-delà des règles
    morales 136
    Toutes les sphères de la vie contaminées 138
    Une impossible négociation 138
  Peut-on et faut-il combattre le harcèlement ? 139
    Faire tomber le masque 139
    Prendre de la distance pour prendre conscience 140

    Décider, c'est être libre 141
    Épilogue 142

Jusqu'où puis-je aller dans mes responsabilités ? 145
  Les responsabilités professionnelles épanouissent
  l'homme 146
    Besoin de responsabilité, besoin de reconnaissance 146
    Se rendre indispensable, c'est révéler sa singularité 147
    Quand la vie professionnelle piétine la vie privée 148
  Opter pour quelles responsabilités ? 149
    Quel sens trouvons-nous à nos vies ? 149
    Où se trouve la vraie réussite ? 150
    L'existence n'est que prise de risque 151
    Épilogue 152

L'argent me représente-t-il ? 153
  Qu'est-ce que l'argent ? 154
    L'argent comme moyen d'échange 154
    L'argent comme vecteur social 154
    Prêt à tout pour de l'argent ? 155
    Les limites de l'argent 155
  La valeur de l'être 156
    Le jugement monétaire 156
    « J'ai, donc je suis » 157
    Des besoins muables selon les circonstances 158
  « Cogito ergo sum » 159
    Rester mettre de soi par le doute 159
    Différencier l'être et l'avoir 159
    Épilogue 160

V. Le deuil

Qui suis-je après la mort d'un proche ? 165
  Qu'est-ce que le deuil ? 166
    Nous sommes tous l'enfant de 166

L'amour en héritage	167
C'est à la relation entretenue et non à l'être que nous sommes attachés	168
Comment faire le deuil ?	169
Se résigner à l'absence de l'être aimé	169
Faire le deuil de soi	171
Puis revivre	171
Épilogue	172

Comment surmonter une rupture amoureuse ? 175

La perte de l'« étant »	176
Ce que m'apporte l'être aimé	176
L'amour comme perdition	177
La perte de sens	178
La redécouverte de l'« étant »	179
Autrui comme autre que moi et miroir de ce que je suis	179
Se reconnaître en l'autre	181
L'« étant » retrouvé	181
Épilogue	182

Être parent, et après ? 185

Qu'est-ce qu'être mère ?	186
Avoir un enfant tout d'abord dépendant	186
L'importance de la culture	187
L'importance de la reconnaissance de l'enfant	187
Le statut d'une mère est-il réductible à son utilité ?	188
Avoir un enfant devenu adulte	188
Le danger de vivre à travers son statut de mère	189
Rester à jamais la mère de ses enfants	191
Épilogue	192

Doit-on faire le deuil de ses rêves ? 193

Assumer ses choix passés	194
La justesse de nos choix	194
La croyance en nos choix	195
Une connaissance du monde forcément imparfaite	196

Le regret d'hier peut-il forger celui de demain ? 197
  Son autre vie 197
  Le regret exponentiel 198
  Un risque actualisant 199
  Épilogue 200

CONCLUSION 203
GLOSSAIRE 205
QUELQUES MOTS SUR LES AUTEURS CITÉS 207

BIBLIOGRAPHIE 213
INDEX 215
INDEX DES AUTEURS CITÉS 221